GÉOGRAPHIE
PHYSIQUE

PAR

Antonin ROCHE

Directeur de l'*Educational Institute* de Londres

PARIS

LIBRAIRIE DE CH. DELAGRAVE ET CIE

Éditeurs de la Société de Géographie de Paris

58, RUE DES ÉCOLES, 58

LONDRES
- TRÜBNER ET C°, 60, Pater Noster Row.
- DULAU ET C°, 37, Soho Square.
- ROLANDI, 20, Berners Street, Oxford Street.
- NUTT (David), 270, Strand.

GÉOGRAPHIE

PHYSIQUE

A LA MÊME LIBRAIRIE

OUVRAGES DU MÊME AUTEUR

GRAMMAIRE FRANÇAISE, 5e *Édition. Adoptée par le Conseil de l'Instruction publique pour les Colléges de France, le* 22 *août* 1859. 1 vol. in-18 jésus. 1 50

EXERCICES SUR LA GRAMMAIRE FRANÇAISE. 1 vol. 1 50

CORRIGÉ DES EXERCICES. 1 vol. 1 50

ABRÉGÉ DE LA GRAMMAIRE. 1 vol. . . . . 1 »

EXERCICES SUR L'ABRÉGÉ DE LA GRAMMAIRE. 1 vol. . . 1 »

DU STYLE ET DE LA COMPOSITION LITTÉRAIRE. 3e *édition augmentée.* 1 vol. . . . . 3 .

HISTOIRE DES PRINCIPAUX ÉCRIVAINS FRANÇAIS. 2e *édition*. 2 volumes in-18. . . . . 6 »

LES POËTES FRANÇAIS Recueil de morceaux choisis dans les meilleurs poëtes, depuis l'origine de la littérature française jusqu'à nos jours, *avec une notice sur chaque poëte.* 6e *édition, augmentée de notes littéraires*, etc. 1 vol. 3 50

LES PROSATEURS FRANÇAIS. Recueil de morceaux choisis dans les meilleurs prosateurs, depuis l'origine de la littérature française jusqu'à nos jours, *avec une notice sur chaque auteur.* 6e *édition, augmentée de notes grammaticales, littéraires*, etc. 1 vol. . . . . 4 »

HISTOIRE D'ANGLETERRE, depuis les temps les plus reculés. 3e *édition*. 2 vol. in-18. *Ouvrage approuvé par le Conseil de l'Inst. publique.* 6 »

HISTOIRE DE FRANCE, depuis les temps les plus reculés. 2 vol. in-18. 3e *édition, refaite et augmentée de huit cartes historiques.* . . 7 »

LES ÉCRIVAINS ANGLAIS AU XIXe SIÈCLE. Recueil de morceaux choisis de prose et de poésies anglaises contemporaines (texte anglais) avec des notices biographiques et littéraires sur chaque auteur. 1 fort volume in-18 jésus. Broché. . . . . 3 »

ENGLISH PROSE AND POETRY, select pieces from the best authors, for reading, composition and translation. . . . . 5 »

RECUEIL DE MORCEAUX CHOISIS. in-12 cartonné. . . . . . 1 »

DICTIONNAIRE GÉNÉRAL DE LA LANGUE FRANÇAISE, de biographie, de mytholohie et de géographie, par MM. Guérard, directeur des études à Sainte-Barbe, et Sardou, professeur de langue et de littérature françaises. 1 vol. in-18 raisin, cartonné. 2 60

Le même. DICTIONNAIRE ABRÉGÉ. 1 fort vol. in-18 cart. . . . 2 »

DICTIONNAIRE GÉNÉRAL DE BIOGRAPHIE ET D'HISTOIRE, de mythologie, de géographie ancienne et moderne, des antiquités et des institutions grecques, romaines, françaises et étrangères, par MM. Ch. Dezobry, auteur de *Rome au siècle d'Auguste*, et Th. Bachelet, agrégé d'histoire, professeur au lycée de Rouen, 1 vol grand in-8° jésus, à deux colonnes, divisé en deux parties ou tomes. Broché. . . . 25 »

DICTIONNAIRE GÉNÉRAL DES LETTRES, DES BEAUX-ARTS et des sciences morales et politiques, par *les mêmes*. 1 vol. grand in-8° jésus, à deux colonnes, formant un ou deux tomes à volonté. Broché. 25 »

F. AUREAU ET Cie. — Imprimerie de Lagny.

GÉOGRAPHIE
PHYSIQUE

PAR

Antonin ROCHE

Directeur de *l'Educational Institute* de Londres

PARIS

LIBRAIRIE DE CH. DELAGRAVE ET CIE

Éditeurs de la Société de Géographie de Paris

58, RUE DES ÉCOLES, 58

LONDRES
- TRÜBNER ET C^o, 60, Pater Noster Row.
- DULAU ET C^o, 37, Soho Square.
- ROLANDI, 20, Berners Street, Oxford Street.
- NUTT (David), 270, Strand.

1873

Tous nos exemplaires sont revêtus de notre griffe :

Charles Delagrave et Cie

PRÉFACE.

L'enseignement de la géographie physique ne doit pas se borner à une liste de noms propres, à une suite de définitions qui, ne s'adressent qu'à la mémoire. Ce n'est pas assez de décrire la surface de cette terre, de faire connaître tous les faits relatifs à l'état du globe que nous habitons; il faut encore déterminer les lois et rechercher les causes de ces faits. Il faut expliquer l'origine de la terre, les révolutions géologiques qu'elle a subies, les causes qui ont amené ces révolutions, l'action qu'elles ont exercée sur les différentes couches qui en composent la croûte solide, et leur influence sur la diversité des climats. Il faut exposer la forme et les mouvements du globe terrestre ; les rapports de la terre avec le soleil et les conséquences qui en résultent pour les alternatives du jour et de la nuit, pour la succession des saisons, pour la distribution de la lumière et de la chaleur, pour la composition de l'atmosphère qui nous transmet cette lumière et cette chaleur, pour tous les faits météorologiques, tels que les vents, la pluie, la neige, la grêle, etc.; en un mot, pour tout ce qui modifie les conditions extérieures de la vie sur notre planète.

Il faut montrer l'inégale étendue de la terre et de l'eau sur le globe; la disposition des montagnes et des plateaux, des vallées et des plaines ; l'origine des fleuves et des lacs ; la formation des îles; la configuration des mers, leur température, leur profondeur, leur degré de salure, leur flux et reflux, leurs courants divers, et l'influence que tous ces phénomènes exercent les uns sur les autres et par suite sur la vie végétale et animale.

Enfin il faut étudier les productions multiples et variées dont la nature couvre notre globe, la distribution des plantes et des animaux, à la surface de la terre et dans la profondeur des eaux, le genre humain avec les races ou variétés qui le composent, les causes de ces variétés, et les diverses influences qui, s'exerçant sur le corps et sur l'âme, modifient les individus, les peuples et les sociétés.

On voit par là que la géographie physique offre à la fois un caractère pratique, en fournissant les connaissances les plus précieuses pour l'agriculture, la navigation, le commerce, l'industrie, l'économie politique, et tout ce qui intéresse la civilisation; et en même temps un caractère scientifique en ce qu'elle compare, classe, explique les faits qu'elle décrit, rapporte les effets à leurs causes, et expose les lois qui président aux phénomènes de notre globe : lois immuables, comme celles que Newton a déterminées pour les mouvements des corps célestes et qui démontrent l'harmonie du plan de la création.

Ainsi conçue, la géographie physique devient une branche importante de la philosophie de la nature, et s'adresse aux facultés les plus hautes de l'intelligence.

Convaincu par une longue expérience de l'intérêt et de l'utilité de ces études si bien faites pour éveiller la curiosité, pour exercer le jugement, pour provoquer la réflexion, j'ai résumé dans ce petit livre les travaux les plus récents de la science, et je me suis efforcé de les mettre à la portée des jeunes lecteurs.

GÉOGRAPHIE PHYSIQUE.

La géographie physique n'est pas seulement la description du globe, de la terre qui produit les plantes et nourrit les animaux, de la mer qui couvre une grande partie de sa surface, et de l'air qui l'entoure. Elle ne se borne pas à décrire ; elle doit comparer, expliquer tout ce qu'elle décrit, chercher les causes et les effets de tous les phénomènes terrestres, déterminer l'influence réciproque de la terre et de l'eau, celle des positions, des formes extérieures, du contour des côtes, des montagnes, des plateaux, des plaines, du sol, de la chaleur, de l'humidité, et de tout ce qui gouverne la distribution des plantes et des animaux. Pour elle, tout phénomène qui se produit, chaleur, froid, humidité, sécheresse, vents, courants maritimes, est un problème dont elle cherche la solution.

Pourquoi, par exemple, deux contrées situées sous la même latitude ont-elles souvent des climats très-différents? — Pourquoi les côtes occidentales de l'Europe sont-elles plus chaudes que les côtes correspondantes de l'Amérique? — Pourquoi les côtes septentionales de la Norvége ne sont-elles jamais prises de glaces, tandis que, dans le lac Baïkal, en Sibérie, qui est à 20 degrés plus au Sud, la glace a souvent plus de trois pieds d'épaisseur? — Pourquoi, sous l'équateur, les sommets des montagnes sont-ils couverts de neiges éternelles, tandis que les plaines produisent la végétation la plus luxuriante du monde? — Pourquoi certaines régions sont-elles privées de pluie, tandis que d'autres reçoivent jusqu'à six cents pouces d'eau par an? — Pourquoi dans certaines latitudes, les vents soufflent-ils régulièrement, tandis que dans d'autres ils sont variables et irréguliers? — Pourquoi certaines parties de l'Océan sont-elles calmes, tandis que d'autres sont agitées par des marées et traversées par des courants?

Le but de la géographie physique est de répondre à ces questions et à une foule d'autres semblables.

Il est important d'indiquer d'abord l'origine de la terre, les révolutions géologiques qu'elle a subies, les différentes couches de terrain qui en composent la croûte solide, ses relations avec le soleil, sa forme, ses dimensions, ses mouvements, puisque de là dépendent la lumière et la chaleur, les alternatives du jour et de la nuit, celles de l'hiver et de l'été, et tout ce qui produit un changement et une variété dans les conditions extérieures de notre planète.

NOTIONS PRELIMINAIRES.

§ I. Formation du système solaire. — Feu intérieur. — Révolutions géologiques. — Causes. — Continuation des révolutions. — Couches de terrain des différentes époques.

La plupart des savants admettent que le système solaire est la transformation d'une immense nébuleuse qui occupait un espace bien plus grand que celui où se meuvent les planètes. Voici comment ils exposent les phases de cette transformation : cette nébuleuse, composée d'une matière très-rare, était douée d'un mouvement de rotation, qui, avec le temps, s'accéléra et amena l'augmentation graduelle de la force centrifuge. Lorsque cette force devint égale à la force d'attraction, des anneaux se formèrent autour de la masse centrale. A mesure que la vitesse de rotation continua de s'accroître, les anneaux se brisèrent ; chaque fragment devint un centre d'action semblable au centre principal et forma le noyau d'une planète. Avant d'arriver à sa formation complète, chaque planète s'entoura d'anneaux du second ordre : les uns existent encore, comme ceux de Saturne ; les autres se brisèrent et devinrent des satellites, comme celui de la terre, et ceux de Jupiter, de Saturne, d'Uranus et de Neptune. Le soleil est le reste encore incandescent et gazeux de la masse primitive.

Tous les corps qui composent le système solaire ont donc, dans cette hypothèse, une origine commune, constatée par leur mouvement de rotation et de révolution, qui a lieu dans le même sens et qui est celui de la rotation du soleil. Cette direction ne peut être que celle du mouvement de la grande nébuleuse primitive. « La formation du système planétaire, dit le savant P. Secchi, semble être une simple conséquence de la gravitation universelle, agissant en raison directe des masses et en raison inverse du carré des distances. »

Cette théorie a été justifiée de nos jours par une ingénieuse expérience. On met une certaine quantité d'huile sur un mélange d'eau et d'alcool ayant la même densité, et en vertu de l'attraction moléculaire, cette huile prend une forme ovale ou sphérique. Si l'on fait tourner le vase avec une vitesse qui aille toujours en croissant, d'abord la sphère d'huile s'aplatit, puis il s'en détache un anneau semblable à celui de Saturne, enfin l'anneau se brise et il se forme de petites sphères, dont chacune tourne sur elle-même en tournant autour de la masse principale.

Le globe terrestre était d'abord incandescent. C'est en roulant dans les espaces glacés qu'il se refroidit peu à peu, comme le fer rouge perd sa chaleur dans un air froid. A mesure que le globe se refroidit, une croûte solide se forma à la surface. Comme le froid contracte la plupart des corps et diminue leur volume, le noyau intérieur, continuant à se refroidir, diminua de volume plus que la croûte solide qui l'enveloppait. Cette croûte, devenue trop grande, dut se bosseler ou se briser dans quelques parties.

Le globe est donc composé d'un noyau intérieur incandescent et d'une croûte solide, dont on évalue l'épaisseur de 150 à 250 kilomètres.

Comment peut-on savoir qu'il y a du feu dans l'intérieur de la terre, puisque les mines les plus profondes, comme celles de Küttenberg, en Bohême, et celles de Guanaxuato, dans le Mexique, n'ont guère plus d'un kilomètre de profondeur? Voici sur quels faits se fonde cette induction : la surface de la terre est plus chaude en été qu'en hiver; mais, à une certaine profondeur, il n'y a aucune différence entre la température de l'hiver et celle de l'été; la température y reste toujours invariable : ainsi, un thermomètre placé dans les caves de l'Observatoire de Paris, à 28 mètres de profondeur, n'a pas varié depuis près d'un siècle; il marque 11 degrés 7 dixièmes de chaleur. Si l'on descend plus bas, la chaleur augmente d'environ un degré par 30 mètres de profondeur. Dans la mine de Guanaxuato, il fait une chaleur de 36 degrés 67 centigrades, tandis que la température moyenne du pays n'est que de 16 degrés 11. On suppose donc que cette chaleur vient du centre de la terre, de ce noyau en fusion, que Franklin appelle « une atmosphère souterraine. »

Si la température continuait d'augmenter d'une manière régulière, elle arriverait bientôt à celle de l'eau bouillante, et, à 20 kilomètres de profondeur, régnerait une chaleur capable de fondre les roches les plus dures. Dans cette hypothèse, l'intérieur de la terre serait un globe de matières fondues, enveloppé d'une croûte solide, comme la croûte d'un pain enveloppe la mie, ou comme la pelure d'une orange enveloppe l'intérieur. Les volcans seraient des cheminées qui feraient communiquer l'intérieur de la terre avec la surface. Ce feu intérieur expliquerait aussi les sources d'eau bouillante qui sortent de la terre, ainsi que les soulèvements et les abaissements du sol, qui ont lieu graduellement dans différentes parties du globe. Quant à la fragilité de la croûte terrestre, elle nous est fréquemment révélée par les tremblements de terre, preuve effrayante de l'activité intérieure de notre planète.

Pourtant, certains géologues prétendent que de l'augmentation de la chaleur on ne peut pas conclure l'existence d'un feu intérieur ; ils n'admettent que des lacs intérieurs, formés de matières incandescentes et séparés les uns des autres, par des roches solides, à une faible profondeur. Selon eux, l'eau de la mer s'infiltrerait à travers les fissures de la terre, se vaporiserait par la chaleur et sortirait par les volcans ou produirait les sources d'eau bouillante. Cette seconde supposition n'est pas plus probable que la première.

La terre fut donc d'abord une masse fluide et incandescente, tournant autour du soleil pendant qu'elle tournait sur elle-même. La rotation la fit aplatir aux pôles et renfler à l'équateur, et la révolution dans les espaces glacés la fit refroidir et solidifier. Le refroidissement condensa à la surface toutes les vapeurs, qui formèrent les mers. Ainsi le globe se trouva partagé en deux grandes masses, la *terre* et l'*eau*.

A cette époque séparée de la nôtre par des millions d'années, peut-être par des millions de siècles, la vie n'existait pas encore sur notre globe ; il fallut bien d'autres changements pour le rendre propre à nourrir des plantes et des animaux. Enfin, la vie apparut sur la terre. Les plantes précédèrent les animaux, puisqu'elles devaient les nourrir. Les espèces dont l'organisation est la plus simple parurent les premières : ainsi, les polypiers et les mollusques vinrent avant les premiers poissons aux formes massives, et avant les reptiles monstrueux de douze mètres de longueur, qui précédèrent eux-mêmer les quadrupèdes gigantesques, les mastodontes, les mammouths ; enfin ceux-ci firent place à des animaux de plus en plus semblables aux nôtres.

L'apparition de chaque nouvelle espèce indique un changement arrivé à la surface du globe. A mesure que la terre se refroidissait, les plantes et les animaux ne pouvaient plus s'accommoder de ces nouvelles conditions d'existence ; ils se modifiaient ou disparaissaient pour faire place à d'autres espèces.

Comment peut-on savoir que la surface de la terre a subi tant de révolutions et qu'elle a été successivement habitée par tant d'animaux si différents des nôtres ? — Quand on examine les parois des carrières et des mines, les pentes escarpées des montagnes, les flancs des falaises, on voit que la croûte terrestre se compose de couches de couleur et de nature différentes. La couche la plus profonde est formée de granit, et l'on n'y rencontre aucun vestige de plantes ou d'animaux ; on en conclut que la vie n'existait pas encore sur la terre. Puis viennent des couches de grès, de calcaires, de sables, d'argiles, et c'est dans ces couches qu'on trouve des végétaux et des minéraux fossiles (1) qui diffèrent de

(1) *Fossiles*, de *fossus*, enfoui.

moins en moins de ceux que nous voyons aujourd'hui.

Quelles causes ont pu amener cette série de révolutions géologiques ? C'est probablement l'action de l'eau et du feu. En effet, quand on observe les couches qui composent la croûte terrestre, on remarque des couches de deux espèces bien différentes : les unes, en général, placées horizontalement, comme les grès, les sables, les argiles, les calcaires, se sont évidemment formées sous les eaux ; les autres, plus ou moins verticales, comme les basaltes, les porphyres, les granits, ont été soulevées par l'action du feu ; et, après avoir brisé les couches horizontales, elles se sont dressées en masses coniques ou en montagnes abruptes et escarpées.

Ce sont les couches déposées par les eaux qui renferment les débris des animaux et des plantes. Les fossiles d'une couche diffèrent, sous bien des rapports, de ceux des autres couches ; ainsi, les fossiles découverts dans l'argile sont différents de ceux du calcaire, qui ne sont pas les mêmes que les fossiles des couches de grès. Plus les couches sont profondes, plus les restes des animaux et des végétaux diffèrent des nôtres ; et plus les couches sont élevées, plus les végétaux et les animaux ressemblent à ceux qui existent aujourd'hui sur la terre. La transition des fossiles d'une époque aux fossiles d'une autre époque n'est point brusque ; elle se fait graduellement ; on pourrait comparer cette transition à celle que présente la végétation sur la pente d'une haute montagne : à mesure qu'on s'élève, on voit disparaître la riche végétation de la plaine, où croissent le myrte et le laurier ; puis viennent le chêne, le hêtre et l'orme, qui, à leur tour, font graduellement place au pin, au sapin, aux herbes, aux mousses et aux lichens. Bien qu'il n'existe aucune ligne précise de démarcation, il y a une différence remarquable entre la végétation de la plaine et celle du sommet d'une montagne de quatre ou cinq mille pieds d'élévation ; les conditions d'existence ne sont pas les mêmes. Il en fut ainsi aux différentes époques géologiques : des végétaux et des animaux qui avaient vécu pendant une époque ne pouvaient plus vivre pendant l'époque suivante ; ils se modifiaient ou disparaissaient pour faire place à d'autres ; quelques espèces ont persisté, ainsi que le prouvent les fossiles des animaux et des végétaux semblables aux nôtres. Comme le refroidissement devint plus fort aux pôles qu'à l'équateur, les plantes et les animaux les abandonnèrent et descendirent vers le sud. Ainsi, la Sibérie devint trop froide pour produire les végétaux nécessaires à la nourriture des éléphants, dont on trouve les fossiles sur les côtes de l'océan Glacial.

Notre époque est donc la continuation de celles qui l'ont précédée, comme l'histoire moderne est la suite de l'histoire du moyen âge, qui est la suite de l'histoire ancienne. C'est comme la vie de l'homme, qui passe insensiblement de l'enfance à la jeunesse, à l'âge mûr et à la vieillesse.

La terre, pas plus que la société humaine, n'est au bout de ses révolutions. Elle éprouve des oscillations perpétuelles ; le sol s'élève dans certaines contrées et s'abaisse dans d'autres ; des îles sortent de la mer, d'autres îles disparaissent sous les flots. En outre, la chaleur et le froid, l'air et les vents, la sécheresse et l'humidité, la mer et les fleuves exercent une action puissante et continue sur la surface du globe. Dans les pays montagneux, le dégel cause des éboulements de terre et de rochers qui modifient souvent l'aspect d'un canton. Les vents entassent les sables en monticules, qui se déplacent de vingt à trente mètres par an et qui envahissent les champs et les prés, changés en déserts. La mer creuse des cavernes ; elle fait des irruptions sur ses rivages et y forme des golfes, comme le Zuyderzée ; elle ronge ses falaises et produit des éboulements qui modifient la forme de ses côtes. Les fleuves laissent des îles au milieu de leur lit, des atterrissements sur leurs bords, et, à leur embouchure, des deltas qui ne cessent d'augmenter d'étendue. Ainsi, la forme de notre globe ne reste pas la même ; elle continue de changer, selon la loi éternelle du Créateur.

Il est important d'avoir quelque connaissance des différentes couches de terrain qui composent la croûte terrestre, puisqu'elles exercent une grande influence sur le climat d'un pays, sur la fertilité du sol, sur la végétation et sur le développement de la vie animale.

Les géologues, aidés de la *paléontologie*, c'est-à-dire de l'étude des animaux fossiles, ont reconstruit les différentes époques du passé, comme les géographes, à l'aide de l'histoire, font des cartes des différents empires qui se sont succédé sur la terre. On a donné d'abord aux terrains géologiques les noms vagues de *primitifs*, *secondaires*, *tertiaires;* puis on les a subdivisés en un grand nombre de groupes distincts, dont l'étude spéciale appartient à la *géologie*. Voici la liste des principaux terrains, en commençant par ceux de la surface :

1° Terrains actuels, formés de limon, de sable, d'alluvions ;

2° Terrains quaternaires, appelés d'abord terrains du *diluvium* ou déluge, dus sans doute à de grands déluges, à des invasions faites par la mer sur la terre, et composés de sables, de graviers, de cailloux roulés;

3° Terrains tertiaires, formés de gypse, d'argile, de pierre calcaire impénétrable aux racines des plantes, et divisés en *pliocènes* ou récents, en *miocènes* ou moyens, et en *éocènes* ou anciens ;

4° Terrains secondaires, qui sont divisés en *crétacés*, formés de *craie* blanche, de grès, de sables, de calcaires; — en *jurassiques*, très-répandus dans le *Jura*, et composés de divers calcaires, d'argiles plus ou moins sableuses, de marnes, de pierres dures ; — et en *triasiques*, formés de *trois* étages de grès, de calcaires et de marnes ;

5° Terrains paléozoïques (de *palaios*, ancien, et de *zoon*, animal), contenant du grès, de l'argile, de la houille, du vieux grès rouge, du schiste argileux, du schiste cristallin, etc., où l'on a découvert les animaux fossiles les plus anciens, et qu'on divise en *permien*, observé d'abord à Perm, en Russie ; — en *carbonifère*, composé de *houille*, de débris d'une luxuriante végétation ; — en *dévonien*, très-commun dans le comté de Devon, en Angleterre, — et en *silurien*, étudié d'abord dans le pays de Galles, patrie des anciens Silures;

6° Terrains azoïques, c'est-à-dire sans animaux fossiles, composés seulement de granit, première substance consolidée par le refroidissement autour de la masse incandescente du globe.

QUESTIONNAIRE.

Définissez la géographie physique.
Comment se distingue-t-elle de la géographie proprement dite?
Expliquez la formation du système solaire: soleil, planètes, satellites, anneaux de Saturne.
Pourquoi toutes les planètes tournent-elles dans le même sens?
En vertu de quelle loi s'est formé le système solaire?
Quelle expérience fait-on pour expliquer cette formation?
Comment s'est refroidi le globe terrestre? — Quelle a été la conséquence du refroidissement? — Comment s'est formée la croûte solide du globe?
Comment prouve-t-on l'existence du feu intérieur?
Quels phénomènes extérieurs explique-t-on par le feu intérieur?
Comment se sont formées les eaux de l'Océan?
Pourquoi les plantes apparurent-elles sur la terre avant les animaux?
Nommez quelques-uns des premiers animaux fossiles.
Comment peut-on connaître les différentes révolutions géologiques?
Quelle est la cause de ces révolutions?
Quelles sont les deux espèces de couches de terrain qu'on remarque sur la terre?
Dans quelles couches de terrain se trouvent les animaux les plus différents des nôtres?
Quelles causes ont amené l'extinction ou la modification des espèces végétales et animales?
Pourquoi trouve-t-on des éléphants fossiles en Sibérie?
La terre est-elle arrivée au bout de ses révolutions? — Donnez-en des preuves.
Quels sont les agents des changements qui ont lieu?
Indiquez par ordre les différentes couches de terrain qui composent la croûte terrestre.
Définissez la géologie et la paléontologie.
Dans quelles couches a-t-on trouvé les premiers animaux fossiles?

---

§ 2. Forme de la terre : rondeur, aplatissement. — Dimensions. — Points principaux : axe, pôle, équateur, méridien, horizon, tropiques, cercles polaires. — Zones : torride, tempérée, glaciale. — Saisons. — Durée du jour.

La terre, comme les autres planètes, a une forme sphérique, c'est-à-dire ronde, un peu aplatie à deux points opposés, appelés *pôles*, et renflée, à égale distance des deux pôles, dans la partie qu'on appelle *équateur*. Cette forme est due à son mouvement de rotation sur elle-même.

Il y a plusieurs preuves de la rondeur de la terre :

1° Si l'on met le doigt sur un globe et qu'on aille en ligne droite, le doigt reviendra au point de départ, parce que la ligne droite aura fait un cercle autour du globe ; de même, un voyageur marchant toujours en avant sur la terre revient à l'endroit d'où il était parti, après avoir fait le tour du monde. Si la terre était une surface plane, il arriverait au bout et serait obligé de revenir sur ses pas.

2° Quand on regarde venir un vaisseau, on aperçoit d'abord les mâts et les voiles, sans voir encore la masse, qui est cachée par la mer ; à mesure qu'il approche, il paraît s'élever graduellement jusqu'à ce qu'il se découvre tout entier. Si la surface de la terre n'était pas courbe, on verrait d'abord le corps du vaisseau, parce qu'il est plus grand que les mâts et les voiles.

Il en est de même d'une tour et d'une montagne, dont on aperçoit d'abord le sommet. C'est la courbure de la terre qui nous empêche de les voir tout entières.

3° Quand nous sommes sur un lieu élevé, notre vue est toujours bornée par un grand cercle formé autour de nous. Si la terre n'était pas ronde, il y aurait des lieux où notre vue ne serait pas bornée par un grand cercle.

4° Le jour et la nuit arrivent graduellement dans chaque lieu. Si la terre était une plaine, le soleil, en paraissant sur l'horizon, éclairerait à la fois toute sa surface.

5° Quand la terre se trouve placée entre le soleil et la lune, elle projette sur la lune éclipsée une ombre ronde comme celle qu'une boule projetterait sur un mur.

6° Un voyageur qui marche vers le Nord voit l'étoile polaire s'élever au-dessus de l'horizon en proportion du chemin qu'il fait ; à chaque degré qu'il parcourt sur la terre, l'étoile polaire s'élève aussi d'un degré. Si la terre était une surface plane, l'élévation de l'étoile polaire ne serait pas proportionnée au chemin parcouru.

Quant à l'aplatissement des pôles, on le prouve par les vibrations du pendule. Si le pôle est aplati, il est plus près du centre de la terre que l'équateur, et l'attraction exercée par le centre doit y être plus forte. Le pendule vibrant plus vite aux pôles qu'à l'équateur, c'est une preuve que l'attraction, ou pesanteur, y est plus forte. La pesanteur est plus grande aux pôles dans la proportion de 195 à 194 : le corps pesant 195 livres aux pôles ne pèse que 194 livres à l'équateur.

L'aplatissement se prouve encore par la différence des degrés, qui sont plus grands aux pôles qu'à l'équateur. Pour faciliter l'étude de la géographie et de l'astronomie, on divise la circonférence de la terre en 360 parties égales, appelées degrés, et correspondant aux 360 degrés de la voûte céleste qui nous entoure. Quand on parcourt un degré terrestre à l'équateur, le Zénith, point du ciel directement au-dessus de notre tête, change d'un degré céleste. Aux pôles, il faut parcourir un espace plus grand pour que le Zénith y change d'un degré. Il arrive aux pôles ce qui arrive sur une surface plane, comme une table, et à l'équateur ce qui arrive sur une surface courbe, comme un globe : si l'on promène un bout d'une baguette sur une table, le bout supérieur sera toujours tourné à peu près vers les mêmes points du plafond ; mais, si l'on promène un bout de la baguette sur un globe, le bout supérieur se tournera successivement vers les différentes parties de la chambre ; son Zénith changera d'autant de degrés que le bout inférieur en parcourra sur le globe. De même, aux pôles, où la terre est aplatie, les lignes verticales sont dirigées à peu près vers la même étoile, tandis qu'à l'équateur, où la terre est ronde, les lignes verticales s'éloignent les unes des autres.

La *circonférence* ou le tour de la terre est de 9,000 lieues ou d'environ 40,000 kilomètres. Comment peut-on savoir que la terre a 9,000 lieues de circonférence, puisqu'on ne peut pas en faire le tour par une marche continue? — La rondeur de la terre étant prouvée, les cercles imaginés sur la terre correspondent aux mêmes cercles imaginés sur la voûte céleste qui nous entoure, et les degrés terrestres correspondent aux degrés célestes. Donc, si l'on mesure sur la terre un espace correspondant à un degré céleste, on connaîtra la longueur d'un degré terrestre. Si l'on va, par exemple, de Paris à Amiens, on s'aperçoit que l'étoile polaire, qui est élevée à Paris de 49° au-dessus de l'horizon, se trouve élevée de 50° au-dessus de l'horizon d'Amiens. C'est une preuve qu'on a parcouru un degré sur la terre. On mesure cette distance, et l'on trouve 25 lieues pour la longueur d'un degré terrestre. Comme la terre est divisée en 360°, il suffit de multiplier 25 par 360, et l'on a 9,000 lieues pour la circonférence entière de la terre.

Comme le *diamètre*, c'est-à-dire la ligne qui va d'un point de la circonférence à un point opposé, en passant par le centre, est le tiers de cette circonférence, le diamètre terrestre est de 3,000 lieues ; — et le *rayon*, ou la distance d'un point de la surface au centre intérieur, est de 1,500 lieues. A cause de l'aplatissement, le rayon du pôle, c'est-à-dire la distance du pôle au centre, a près de 5 lieues ou 21 kilomètres de moins que le rayon de l'équateur.

On obtient la superficie d'un globe en multipliant la circonférence par le diamètre. La *superficie* du globe est donc de 27,000,000 de lieues carrés ou d'environ 500,000,000 de kilomètres carrés, dont les trois quarts sont couverts d'eau.

On évalue le *volume* de la terre à environ 108 milliards de kilomètres cubes, et le *poids* à 6 milliards de milliards de kilogrammes.

D'après l'attraction que notre globe exerce sur le mouvement de la lune, on a calculé que sa *densité* moyenne doit être cinq fois et demie plus grande que celle de l'eau, c'est-à-dire que notre globe pèse cinq fois et demie plus qu'un globe d'eau d'égale dimension.

Nous avons dit que la terre tourne sur elle-même en vingt-quatre heures ; c'est ce mouvement de rotation qui nous donne alternativement le jour et la nuit. Il se fait autour d'une ligne imaginaire, qui sert d'essieu à la terre, et qu'on appelle son *axe*, d'un mot latin qui signifie *essieu*. L'axe de la terre est incliné sur son *orbite*, c'est-à-dire sur la route que la terre parcourt autour du soleil, comme le serait une toupie qui tournerait sur un plancher. Il a toujours la même inclinaison sur toute l'orbite; et ses deux extrémités, appelées *pôles*, du mot grec *polos*, pivot, sont toujours tournées vers les mêmes étoiles. L'un est le pôle *arctique*, du mot grec *arctos*, ours, ainsi nommé parce qu'il est tourné vers les constellations de la grande et la petite Ourse, et l'autre est le pôle *antarctique*, c'est-à-dire opposé à l'Ourse.

A égale distance des deux pôles, on suppose tracé autour du globe un grand cercle, appelé *équateur*, du latin *æquare*, rendre égal, parce que sur tous les points de cette ligne le jour est égal à la nuit pendant toute l'année. Pour les autres parties de la terre, le jour n'est égal à la nuit qu'aux époques où le soleil est perpendiculaire sur l'équateur; ce qui n'arrive que le 21 mars et le 21 septembre. Quand on veut indiquer la position d'un lieu sur le globe, on dit à quelle distance il est au Nord ou au Sud de l'équateur; c'est ce qu'on nomme la *latitude* nord ou sud de ce lieu. La distance de l'équateur à l'un ou à l'autre pôle est divisée en 90 parties, qu'on appelle *degrés* et qu'on écrit ainsi 90°. La latitude d'un lieu est égale à l'élévation de l'étoile polaire au-dessus de l'horizon. En effet, quand on est à l'équateur, l'étoile polaire est à l'horizon. Si l'on monte d'un degré vers le Nord, elle s'élève d'un degré au-dessus de l'horizon : ainsi à Paris, l'étoile polaire est élevée de 49° ; donc la latitude de Paris, c'est-à-dire sa distance à l'équateur est de 49°.

Un autre cercle, non moins utile pour marquer la position des lieux, est le *Méridien*, qui va d'un pôle à l'autre en coupant perpendiculairement l'équateur, et qui partage le globe en deux hémisphères, ou demi-sphères, l'hémisphère oriental et l'hémisphère occidental.

Quand on veut indiquer la position d'un lieu, on dit à quelle distance il est à l'est ou à l'ouest du méridien; c'est ce qu'on nomme sa *longitude* orientale ou occidentale.

Il est facile de trouver sur le globe un lieu dont on connaît la latitude ou la longitude. Les mots de *longitude* ou longueur et de *latitude* ou largeur nous viennent des anciens, qui croyaient la terre plus *longue* de l'Est à l'Ouest que du Nord au Sud et plus *large* du Sud au Nord que de l'Est à l'Ouest.

Quant au mot de *méridien*, corruption de *medius dies*, il veut dire *midi*, milieu du jour ; en effet, lorsque le soleil est perpendiculaire sur un méridien, il est midi pour tous les lieux de la terre qui sont situés sous ce méridien. Ainsi, Paris et Alger, situés sous le même méridien, ont midi à la même heure. On appelle *premier méridien* celui qui sert de point de départ pour compter la longitude. Chaque peuple prend pour premier méridien celui qui passe par sa capitale. Ainsi les géographes français comptent la longitude en partant du méridien de Paris, et en allant à l'Est ou à l'Ouest selon la position du lieu. Un lieu situé à 15° à l'est de Paris, comme Presbourg, aura midi une heure plus tôt que Paris ; et un lieu situé à 15° à l'ouest aura midi une heure plus tard. Pour déterminer la longitude d'un lieu, il suffit donc de connaître l'heure du lieu où l'on est et celle du lieu pris pour premier méridien.

A l'équateur et au méridien, il faut ajouter un autre grand cercle, appelé *horizon* ou borneur, qui est censé séparer la partie éclairée de la terre de celle qui ne l'est pas. On appelle *horizon visuel* le cercle plus ou moins grand qui borne notre vue de tous côtés et qui sépare la partie visible de la terre et du ciel de la partie invisible.

Le point de l'horizon visuel où le soleil se lève se nomme le *levant*, l'*orient* ou l'*est* ; — le point opposé, où le soleil se couche, s'appelle le *couchant*, l'*occident* ou l'*ouest* ; — le point où le soleil arrive à midi s'appelle le *midi* ou le *sud*, et le point opposé s'appelle le *nord* ou le *septentrion*, du nom de la constellation de la Grande-Ourse, composée de sept étoiles principales, que les Romains appelaient les *septem triones*.

L'horizon, le méridien et l'équateur se divisent, comme tout cercle, en 360 degrés.

Outre ces trois grands cercles, il y en a quatre autres plus petits, qu'il est nécessaire de connaître. A 23 degrés et demi de l'équateur, on suppose, au Nord, un cercle appelé le *tropique du Cancer*, et au Sud, un autre cercle appelé le *tropique du Capricorne*. A la même distance des deux pôles, sont le *cercle polaire arctique* et le *cercle polaire antarctique*.

La partie de la terre comprise entre les deux tropiques se nomme *zone* (ceinture) *torride* ou brûlante. Les rayons du soleil tombent verticalement sur tous les lieux de cette zone deux fois par an, et il règne dans les plaines un été perpétuel. L'année s'y divise en deux saisons, l'une sèche et l'autre pluvieuse. La zone torride, large de 47 degrés, comprend les deux cinquièmes de la surface du globe.

Les espaces compris entre les deux cercles polaires et les pôles ont plutôt la forme de deux calottes que de deux ceintures ; ils s'appellent *zones glaciales*. Il y règne un hiver presque perpétuel ; l'été y est très-court et très-froid, parce que les rayons du soleil y arrivent très-obliquement et seulement pendant une partie de l'année.

Dès que le soleil est perpendiculaire sur les lieux situés entre l'équateur et le tropique du Capricorne, on cesse de le voir au pôle nord ; la nuit commence, et cette nuit dure six mois, depuis le 21 septembre jusqu'au 21 mars. Et pendant les six mois que le soleil est perpendiculaire sur les lieux situés entre l'équateur et le tropique du Cancer, le pôle nord a un jour de six mois et le pôle sud a une nuit de six mois, depuis le 21 mars jusqu'au 21 septembre.

Les parties du globe comprises entre les cercles polaires et les deux tropiques contiennent un peu plus de la moitié de la surface terrestre ; elles s'appellent les deux *zones tempérées*, l'une au Nord, l'autre au Sud de l'équateur. Elles reçoivent les rayons du soleil d'une manière plus ou moins oblique, selon leur éloignement ou leur proximité des deux tropiques. Dans les zones tempérées, l'année se divise en quatre saisons. Les saisons sont inverses pour les lieux situés au Nord ou au Sud de l'équateur ; quand on a l'été dans l'hémisphère septentrional, l'hémisphère méridional a l'hiver.

Si l'axe de la terre était perpendiculaire, c'est-à-dire à angle droit sur son *orbite*, la terre conserverait toujours la même position par rapport au soleil; les rayons solaires tomberaient verticalement sur l'équateur; ils échaufferaient, ils éclaireraient notre globe de la même manière et les jours seraient égaux aux nuits dans toutes les parties de la surface. Nous aurions toujours la même saison : ce serait un printemps ou un automne perpétuel, puisque c'est dans ces deux saisons que le soleil est perpendiculaire sur l'équateur. Mais il n'en est point ainsi.

L'axe de la terre est incliné de 23 degrés et demi sur son orbite; et comme il est toujours tourné vers l'étoile polaire, la terre ne conserve pas la même position par rapport au soleil et les rayons solaires ne l'éclairent pas de la même manière dans les différentes parties de sa route. Le 21 mars, la terre est placée de manière que les rayons solaires tombent verticalement sur l'équateur, et ils nous éclairent pendant douze heures; c'est l'*équinoxe* du *printemps*, mot formé de deux mots latins qui signifie *nuit égale* au jour. Au 21 juin, ils sont perpendiculaires sur le tropique du Cancer, ils nous éclairent pendant seize heures, et ils sont plus chauds, parce qu'ils tombent plus verticalement; alors le soleil est très-élevé au-dessus de l'horizon, à midi; nous avons l'*été*. A partir du 21 juin, le soleil cesse de s'élever à midi, il s'arrête : c'est le *solstice d'été*, mot formé de deux mots latins qui signifient *soleil stationnaire*. Le cercle imaginaire tracé autour de la terre pour marquer les lieux où il cesse de s'élever et où il semble retourner sur ses pas, s'appelle le *tropique* (de *trépô*, tourner) *du Cancer*, parce qu'il est alors vis-à-vis de la constellation du Cancer. Au bout de quelques jours, le soleil s'élève moins à midi, et il va toujours en baissant. Au 21 septembre, il est de nouveau perpendiculaire sur l'équateur, et les jours sont encore égaux aux nuits; c'est l'équinoxe d'*automne*. Le soleil continue de baisser encore pendant trois mois jusqu'au 21 décembre. Alors il est très-bas, à midi; il ne nous éclaire que pendant huit heures, et ses rayons nous échauffent peu, parce qu'ils nous arrivent très-obliquement; c'est le *solstice d'hiver*. Le cercle imaginaire tracé autour de la terre pour marquer la partie où le soleil cesse de baisser, s'appelle le *tropique du Capricorne*, parce que le soleil est alors vis-à-vis de la constellation du Capricorne. Au bout de quelques jours, le soleil commence à être un peu plus haut, à midi, et il continue de s'élever de nouveau pendant six mois.

C'est donc à la révolution de la terre autour du soleil, combinée avec l'inclinaison de son axe sur son orbite, que nous devons les quatre saisons de l'année.

La révolution de la terre autour du soleil et l'inclinaison de son axe sur son orbite, qui nous donnent les saisons, produisent aussi l'inégalité des jours et des nuits.

Un habitant de l'équateur a pour horizon un cercle qui passe par les deux pôles. Que le soleil soit perpendiculaire sur l'équateur ou sur l'un des deux tropiques, il reste pour lui aussi longtemps sur l'horizon que dessous; aussi les jours ont la même longueur que les nuits.

DURÉE DU JOUR A L'ÉQUATEUR.

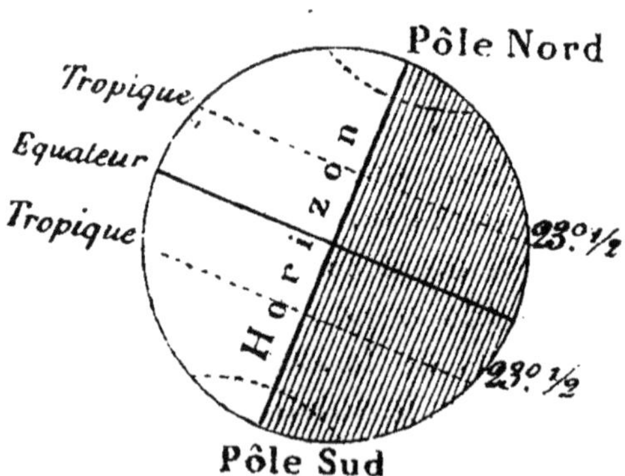

L'habitant du pôle nord a pour horizon un cercle qui se confond avec l'équateur. Quand le soleil est perpendiculaire sur un lieu situé au Sud de l'équateur, ce qui arrive du 21 septembre au 21 mars, l'habitant du pôle nord ne voit pas le soleil et il a une nuit de six mois. Et quand le soleil est au Nord de l'équateur, depuis le 21 mars jusqu'au 21 septembre, l'habitant du pôle nord le voit constamment et il a un jour de six mois.

DURÉE DU JOUR AU PÔLE NORD.

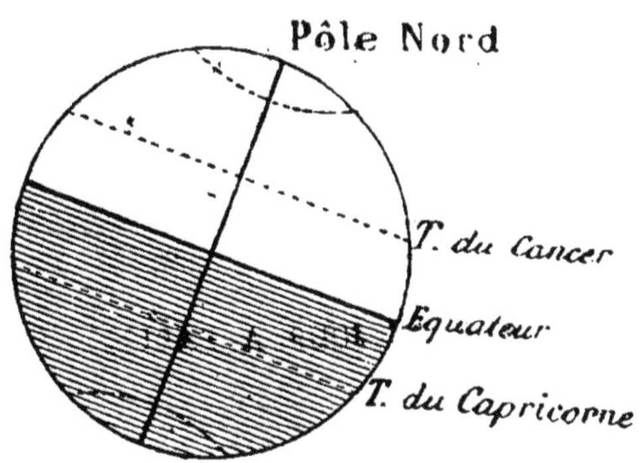

Le cercle polaire arctique étant éloigné de 23 degrés et demi du pôle, l'horizon de ses habitants est un cercle situé à 23 degrés et demi au Sud de l'équateur.

DURÉE DU JOUR AU CERCLE POLAIRE ARCTIQUE.

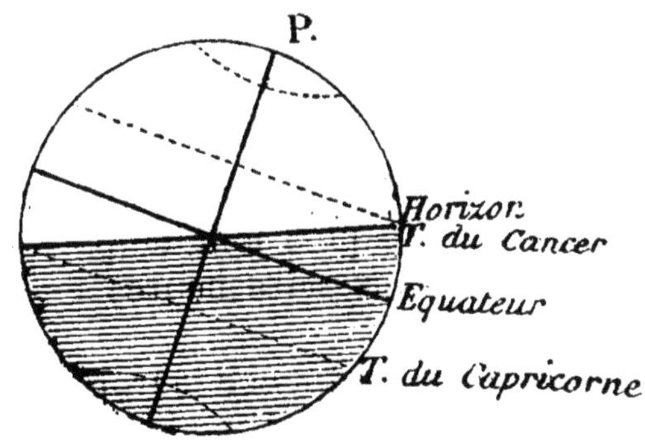

Le 21 décembre, le soleil touche le tropique du Capricorne; il paraît à l'horizon seulement à midi pendant quelques instants. La nuit est donc de vingt-quatre heures, à 66°,30′ de latitude. A 67°,20′ de latitude, la nuit est d'un mois; à 70°, de deux mois; à 73°,40′, de trois mois; à 78°,30′, de quatre mois; à 84°, de cinq mois, et à 90°, de six mois.

Le 21 juin, le soleil décrit le tropique du Cancer qui, dans un point, touche l'horizon des habitants du cercle polaire arctique; aussi le soleil ne se couche pas de vingt-quatre heures, et ils ont un jour de vingt-quatre heures.

L'habitant de Paris a pour horizon un cercle qui passe par le 41° de latitude Sud.

DURÉE DU JOUR A PARIS.

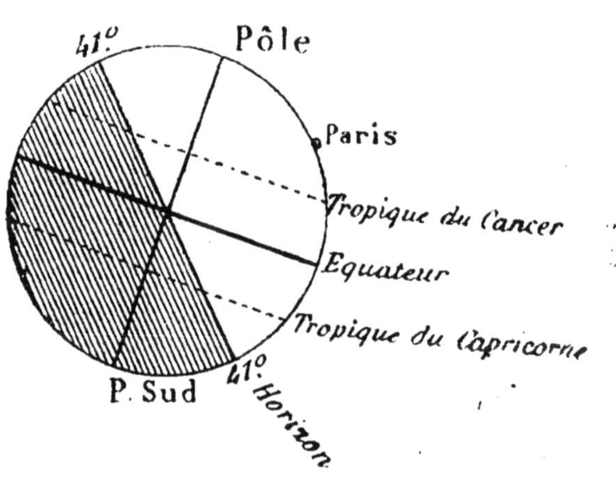

Quand le soleil touche le tropique du Capricorne, au 21 décembre, il reste beaucoup plus longtemps sous l'horizon qu'au-dessus, et nous avons seize heures de nuit et huit heures de jour.

Au 21 juin, quand le soleil touche le tropique du Cancer, il reste beaucoup plus longtemps sur l'horizon qu'au-dessous, et nous avons seize heures de jour et huit heures de nuit.

Au 21 mars et au 21 septembre, le soleil traverse l'équateur, et il reste aussi longtemps sur l'horizon qu'au-dessous. Donc le jour est égal à la nuit.

Il est important de connaître les saisons et la durée du jour et de la nuit pour chaque pays du globe, parce que ces phénomènes ont une grande influence sur le climat, et par conséquent sur la végétation et sur la vie animale.

Nous avons exposé les hypothèses admises par les savants pour expliquer la formation du globe; nous avons mentionné les différentes couches de terrain qui forment la croûte solide, et expliqué les relations de la terre avec le soleil, sa forme actuelle, ses dimensions, ses mouvements, la cause des saisons et de l'inégalité des jours et des nuits. Nous allons étudier la surface de la terre, ses formes horizontales et verticales, ses climats, ses conditions d'existence, les êtres qui la peuplent, les plantes qui la couvrent et qui en font l'ornement; l'eau qui l'arrose, la fertilise et la rafraîchit, enfin l'air qui l'enveloppe et qui lui distribue la lumière, l'ombre et la chaleur.

Chacun de ces quatre objets, *terre*, *eau*, *air*, *vie*, mérite une étude spéciale.

QUESTIONNAIRE

Quelle est la forme de la terre?
Donnez quelques preuves de sa rondeur, de son aplatissement.
Quelle est la différence de la pesanteur aux pôles et à l'équateur?
En combien de parties divise-t-on la circonférence de la terre et la voûte céleste?
Définissez les mots de *circonférence*, de *diamètre*, de *rayon*, de *superficie*.
Indiquez les dimensions du globe
Comment peut-on mesurer la circonférence de la terre?
Quel est le rapport de la circonférence et du diamètre?
Quelle est la différence entre le rayon du pôle et celui de l'équateur?
Définissez les mots *axe*, *pôle arctique*, *antarctique*, *équateur*, *méridien*.
Quelle est l'utilité géographique de l'équateur et du méridien?
Définissez les mots *latitude* et *longitude*. — Quelle est l'origine de ces mots? — Comment trouve-t-on la latitude et la longitude d'un lieu? — Comment divise-t-on la distance de l'équateur aux pôles?
Qu'est-ce que l'horizon? — L'horizon visuel? — Nommez les quatre points cardinaux.
Quels sont les petits cercles et quelle est leur utilité?
Nommez les cinq zones et indiquez leur étendue.
Quelle saison y a-t-il dans la zone torride? — dans les zones glaciales? — dans les zones tempérées? — Quelle est la différence des saisons entre l'hémisphère du nord et l'hémisphère du sud?

Quelle est la double cause des saisons ?

Donnez la définition et l'étymologie des mots *tropiques du Cancer* et du *Capricorne*, *solstices d'été et d'hiver*, *équinoxes de printemps et d'automne*.

Quelle est la cause de l'inégalité des jours et des nuits ?

Expliquez la durée du jour à l'équateur, au pôle nord, au cercle polaire arctique, à Paris.

GÉOGRAPHIE PHYSIQUE.

CHAPITRE PREMIER.

DE LA TERRE.

§ 1. Distribution de la terre et de l'eau. — Étendue de la terre et de l'eau. — Distribution et forme des terres. — Division de la terre en continents. — Division de l'eau en océans. — Influence réciproque.

Le fait qui frappe, à l'aspect d'une mappemonde, est l'inégale étendue de la terre et de l'eau. La mer couvre les trois quarts du globe ; un quart seulement est occupé par la terre. On évalue la superficie du globe à 500,000,000 kilomètres carrés ; il y a donc environ 125,000,000 kilomètres carrés de terre et 375,000,000 d'eau. Nous verrons que cette inégale répartition exerce une grande influence sur les phénomènes terrestres.

Un coup d'œil jeté sur une mappemonde suggère plusieurs observations sur la distribution et la forme des terres.

1° L'étendue des terres est beaucoup plus considérable au nord qu'au sud de l'équateur. L'hémisphère septentrional comprend trois fois plus de terre que l'hémisphère méridional.

2° La plus grande partie de cette masse de terre se trouve dans la zone tempérée du nord, en Europe, en Asie et dans l'Amérique septentrionale.

3° La terre s'étend en larges masses au nord, tandis qu'elle se termine en pointes vers l'océan glacial du sud.

Si l'on divise le globe en deux hémisphères, l'un ayant Paris pour centre, et l'autre la Nouvelle-Zélande, le premier contient presque toute la terre, l'autre n'offre que l'Océan, l'Australie et les îles, et l'extrémité de l'Afrique et de l'Amérique. On ignore quelle grande loi physique a produit cette distribution, qui n'est probablement pas l'effet du hasard. Puisque les oscillations continuelles du globe produisent le soulèvement lent et graduel de certaines parties et l'abaissement d'autres parties, ne pourrait-on pas supposer que l'hémisphère austral est encore en partie submergé, tandis que l'hémisphère boréal est sorti des eaux? L'existence des grands lacs, qui se trouvent tous, excepté le lac Titicaca, dans l'hémisphère boréal, tendrait à donner à cette hypothèse un certain degré de vraisemblance. En effet, beaucoup de lacs sont des lieux bas qui sont restés remplis d'eau, lorsque la terre s'est élevée au-dessus des mers. Les extrémités méridionales de l'Amérique et de l'Afrique, privées de grands lacs et terminées en pointes, donnent l'idée d'une terre submergée, dont les parties élevées sont seules sorties des eaux, ou dont les terrains mous et légers ont été rongés par les eaux, tandis que les roches dures ont résisté à l'action des vagues de l'Océan.

Cette disposition se présente aussi dans les principales presqu'îles du globe. Ainsi, en Europe, la Scandinavie, l'Espagne, l'Italie et la Grèce; en Asie, l'Indoustan, l'Indo-Chine, la Corée et le Kamtchatka; en Amérique, le Groënland, la Floride et la Californie ont leurs pointes tournées vers le sud. Le Jutland en Danemark et le Yucatan au Mexique sont les plus remarquables exceptions.

4° Au nord s'étendent de vastes plaines, tandis que les pointes méridionales sont montagneuses. Ainsi, le cap Horn s'élève au sud de la Terre de Feu; le plateau du cap de Bonne-Espérance, au sud de l'Afrique; le cap Comorin, au sud de l'Indoustan; le cap Sud-Est, au sud de la Tasmanie.

5° Les continents sont flanqués, au sud-est, d'une grande île ou d'un groupe d'îles. En Amérique, la Terre de Feu, la Terre des Etats et les îles Falkland; en

Afrique, Madagascar; en Asie, l'île de Ceylan ; en Australie, la Tasmanie et la Nouvelle-Zélande.

6° Si l'on divise la terre en hémisphère oriental et en hémisphère occidental, on voit que le premier s'étend de l'Ouest à l'Est et qu'il a des zones d'un climat presque égal, depuis l'ouest de l'Espagne jusqu'à l'extrémité orientale de la Chine. L'uniformité du climat amène l'uniformité des conditions d'existence, et par conséquent les mêmes plantes et les mêmes animaux. L'hémisphère occidental, au contraire, s'étend du Nord au Sud, et il a tous les climats ; il fait un froid excessif au Nord, et une chaleur brûlante sous l'équateur. La variété des climats produit la variété dans le règne végétal et dans le règne animal. Cette disposition a exercé une grande influence sur les événements historiques : les migrations des peuples sont faciles dans l'hémisphère oriental, qui a vu les conquêtes d'Alexandre, d'Attila, de Gengis-Khan, de Tamerlan. En Amérique il n'y a eu aucune invasion du Sud au Nord ni du Nord au Sud.

L'hémisphère oriental, comprenant l'Europe, l'Asie et l'Afrique, s'appelle l'*ancien continent*, parce que c'était la seule partie du globe connue des Anciens ; et l'hémisphère occidental ou l'Amérique s'appelle le *nouveau continent* ou le *Nouveau Monde*, parce qu'il n'a été découvert qu'en 1492. L'Australie (de *Auster*, vent du sud) peut être considérée plutôt comme un troisième continent que comme une île ; c'est le continent austral ou méridional. On lui donne le nom d'*Océanie*, si l'on y ajoute les nombreuses îles répandues dans l'Océan Pacifique.

Nous avons dit que la superficie entière du globe est évaluée, en nombres ronds, à 500,000,000 kilomètres carrés, dont le quart seulement, c'est-à-dire 135,000,000, est couvert de terre. La superficie de l'Europe est de 10,000,000 kilomètres carrés ; celle de l'Asie, de 43,000,000 ; celle de l'Afrique, de 30,000,000; celle de l'Amérique, de 40,000,000 ; et celle de l'Océanie, de 10,000,000.

Les parties de la terre prennent différents noms, selon

leur configuration. On appelle *continent*, c'est-à-dire *tenant ensemble*, une vaste étendue de pays non coupé par la mer ; — *île* une étendue de terre entourée d'eau ; — *presqu'île* une étendue de terre presque entourée d'eau ; — *isthme* une langue de terre qui sépare deux mers et joint deux terres ; — *cap* (*caput*, tête) ou *promontoire* (*pro*, en avant, *mons*, mont) une pointe de terre qui s'avance dans la mer. On donne le nom de *plaines* aux terres basses, celui de *plateaux* aux plaines élevées, et celui de *collines* ou de *montagnes* aux terres qui s'élèvent plus ou moins abruptement au-dessus du niveau de la mer. Une suite non interrompue de montagnes forme une *chaîne ;* les Espagnols lui donnent le nom de *sierra* ou scie, en comparant les pics de la chaîne aux dents d'une scie.

Aux trois continents correspondent trois grandes étendues d'eau, appelées *océans :* c'est l'Océan Atlantique, ainsi nommé par les anciens, parce qu'il baigne l'extrémité occidentale du mont Atlas; l'Océan Pacifique, qui est moins sujet aux tempêtes, à cause de son élargissement ; et l'Océan Indien. Il faut y ajouter l'Océan glacial du Nord et l'Océan glacial du Sud, bornés par les deux cercles polaires.

Les différentes parties des eaux qui couvrent la terre ont aussi reçu différents noms, selon leur configuration. Certaines parties d'un océan s'appellent *mers*, d'autres parties, *baies* ou *golfes*, et ces noms dépendent plutôt de l'usage que de l'étendue. Ainsi la baie d'Hudson et celle du Bengale, le golfe de Gascogne et celui du Mexique sont plus grands que la mer Blanche, la mer Noire et la mer Rouge. On appelle *détroit* une partie de mer resserrée entre deux terres, — *lac* une étendue d'eau entourée de terre, — *fleuve* un cours d'eau qui se jette dans la mer et *rivière* un cours d'eau qui se jette dans un autre. On donne le nom d'*estuaire* à l'embouchure d'un fleuve, quand elle forme une espèce de golfe.

L'inégale distribution de la terre et de l'eau exerce une grande influence sur le climat des continents et sur celui de chaque pays, et par conséquent sur la végétation, sur les animaux et sur les hommes. Pendant le jour et en été, la mer s'échauffe moins que la terre; les rayons du soleil pénètrent dans l'eau, et la surface devient moins chaude. Les brises de la mer rafraîchissent la terre brûlée par les ardeurs du soleil.

D'un autre côté, la mer se refroidit moins vite pendant la nuit et en hiver : à mesure que les gouttes de la surface se refroidissent, elles se condensent, deviennent plus lourdes et s'enfoncent, pour céder la place à des gouttes plus chaudes et plus légères, qui montent. Les brises chaudes que la mer envoie à la terre tempèrent la rigueur du froid. Aussi, les pays voisins de la mer, comme l'Angleterre, n'ont ni une chaleur excessive ni un froid excessif : leur climat est plus égal, plus tempéré. L'intérieur des continents a un climat plus variable, plus chaud en été et plus froid en hiver.

QUESTIONNAIRE.

Quelle est la proportion relative de la terre et de l'eau ?

Quelle est la différence entre l'hémisphère septentrional et l'hémisphère méridional ?

Dans quelle zone se trouve la plus grande masse de terre ?

Comment se termine la terre dans l'hémisphère méridional ?

Quelle est la cause de cette conformation ?

Comment se terminent la plupart des presqu'îles ? Nommez des exceptions.

Quelle est la différence de surface entre l'hémisphère septentrional et l'hémisphère méridional ?

Qu'y a-t-il au Sud-Est de tous les continents ?

Quelle est la disposition de l'hémisphère oriental et celle de l'hémisphère occidental ?

Quelle influence cette disposition a-t-elle sur les climats ? — Sur les événements historiques ?

En combien de continents divise-t-on le globe ? — D'où vient le mot d'Australie ?

Quelle est la superficie du globe ? — Celle de la terre ? — De l'Europe ? — De l'Asie ? — De l'Afrique ? — De l'Amérique ? — De l'Océanie ?

Quelle est l'étymologie du mot *continent* ?

Définissez les mots *île*, *presqu'île*, *isthme*, *cap*, *promontoire*, *plaine*, *plateau*, *colline*, *montagne*, *sierra*.

En combien d'océans divise-t-on l'eau ?

Pourquoi l'Océan Atlantique et l'Océan Pacifique sont-ils ainsi nommés ?

Définissez les mots *mer*, *baie* ou *golfe*, *détroit*, *lac*, *fleuve*, *rivière*.

Quelle influence l'inégale distribution de la terre et de l'eau exerce-t-elle sur les climats ?

Pourquoi la mer se réchauffe-t-elle moins pendant le jour et en été ? — Pourquoi se refroidit-elle moins pendant la nuit et en hiver ?

Quelle est la différence entre le climat des côtes et celui de l'intérieur des continents ?

§ 2. Position. — Contours. — Influence. — Élévation. — Influence.

La température d'un pays n'est pas seulement affectée par son voisinage et par son éloignement de la mer. Sa position au Nord ou au Sud, la forme de ses contours et l'élévation de sa surface exercent une grande influence sur son climat, et par suite sur les productions et sur les conditions d'existence.

La position d'un pays est la place qu'il occupe sur le globe. Selon qu'il est situé dans la zone glaciale, la zone tempérée ou la zone torride, qu'il s'étend sur la même zone de l'Ouest à l'Est, ou sur plusieurs zones du Nord au Sud, son climat sera différent, uniforme ou varié. Cette position est indiquée par la latitude et la longitude, qu'il est important de remarquer quand on étudie la géographie d'un pays.

Le contour est la ligne qui termine un pays, et que de simples observations suffisent pour faire remarquer. Des contours découpés, irréguliers, offrent des mers intérieurs, des golfes, des ports, des moyens faciles de communication, et sont plus favorables au commerce, à l'industrie, aux entreprises maritimes, aux relations des peuples entre eux, à la civilisation. Ainsi l'Europe, qui a les contours les plus découpés, est ouverte à la mer et aux relations commerciales ; chaque contrée peut facilement exporter les produits de son industrie et recevoir les productions étrangères. L'Afrique, au contraire, qui a les contours les plus réguliers et la forme la plus simple, est réduite à faire le commerce des caravanes et condamnée à rester stationnaire. De même, la forme des contours assure un grand avantage à l'Asie et à l'Amérique du Nord sur l'Australie et sur l'Amérique du Sud.

Un pays dont les contours sont unis ne peut lutter dans le commerce maritime contre un pays qui a des contours découpés et des ports naturels. Les côtes de la France, par exemple, ont peu de ports naturels sur la Manche, tandis que celles de l'Angleterre en ont plusieurs excellents. Aussi presque tout le commerce entre les deux pays se fait sur des vaisseaux anglais. Il y a naturellement des exceptions à cette règle. Il suffirait de citer l'Irlande, dont les côtes, très-découpées, offrent de nombreux et vastes ports et dont les habitants ont peu de goût pour la navigation et pour les entreprises maritimes.

Le climat d'un pays est modifié par l'élévation de sa surface comme par sa distance à l'équateur. Une certaine élévation diminue la température comme le fait une certaine distance vers le Nord. Quelques centaines de pieds d'élévation suffisent pour modifier le climat et l'aspect physique d'un pays : selon l'élévation, il y a des terres labourables, des vignes, des forêts d'arbres différents, des pâturages, des mousses, des glaciers, des neiges perpétuelles. Ainsi, en Suisse, les belles vignes cultivées sur les bords des lacs n'existent plus à 200 mètres d'élévation; plus haut encore, la végétation disparaît entièrement. Toute la vie du globe n'existe donc que pour une faible surface entre le niveau de l'Océan et une certaine élévation, qui varie naturellement selon la latitude. A l'équateur, on trouve les neiges perpétuelles à 5000 mètres d'altitude, c'est-à-dire au-dessus du niveau de la mer; sur les Alpes, qui sont à 45° de latitude, à une hauteur de 2800 mètres; et à 60°, latitude de Pétersbourg, à 1100 mètres.

Les montagnes modifient encore le climat d'un pays en arrêtant les vents froids ou en refroidissant les vents chauds. Ainsi la Hongrie, abritée par les monts Carpathes, a un climat beaucoup plus chaud que le sud de la Pologne, qui est exposée aux vents du Nord. Il en est de même pour les vastes plaines de la Russie, y compris la Crimée, qui a la même latitude que Bordeaux (45°), et qu'aucune chaîne ne protége contre les vents glacials de l'Océan Arctique. La Sibérie, ouverte aux vents du Nord, doit son rigoureux climat aux montagnes qui la bornent de tous les autres côtés, et qui refroidissent tous les vents qui pourraient lui apporter de la chaleur. Les vents d'Ouest sont arrêtés par l'Oural;

les vents d'Est par les monts Stanovoï, et les vents du Sud par l'Himalaya, le Kuen-Lun, le Tian-Shan et l'Altaï. Ces vents perdent sur les montagnes leur chaleur et leur humidité, et ils arrivent secs et froids en Sibérie.

Les montagnes exercent aussi une grande influence sur l'arrosement du globe. Elles refroidissent les vents chauds et humides ; l'humidité s'y condense et s'y dépose en brouillards, en pluie, en neige ; elle y forme des glaciers et devient la source des fleuves et des rivières qui arrosent et fertilisent la terre. C'est ainsi que le Sahara est aride, parce qu'il n'y a point de montagnes pour condenser l'humidité de l'atmosphère. D'un autre côté, le sol de l'Irlande est couvert de vastes marais, faute d'une chaîne de montagnes qui donne un écoulement aux pluies abondantes que lui envoie l'Océan Atlantique.

S'il n'y avait point de montagnes et que la surface de la terre fût tout unie, il régnerait partout une monotone régularité et les mêmes phénomènes se reproduiraient sur toute l'étendue du globe. C'est, en grande partie, grâce aux inégalités du sol, que les climats, les productions, les animaux et les hommes sont distribués sur la terre d'une manière si variée.

Les montagnes ont aussi une grande importance comme ligne de partage des eaux, comme siége des météores et comme barrière entre les peuples.

Il est donc fort important d'étudier les élévations de la surface terrestre, c'est-à-dire les montagnes.

QUESTIONNAIRE.

Définissez les mots *position*, *contour*, *élévation*.

Comment est déterminée la position d'un lieu ?

Quelle est l'influence des contours irréguliers sur le commerce et sur les relations des peuples ?

Quelle est la partie du monde qui a les contours les plus irréguliers ? — Celle qui a les contours les plus réguliers ? — Quels en sont les avantages et les inconvénients ?

Quelle est l'influence de l'élévation du sol sur la température ? — Sur la végétation ?

A quelle hauteur se trouvent les neiges perpétuelles sur les Andes ? — Sur les Alpes ?

Citez des contrées dont le climat est modifié par les montagnes.
Quelle est l'influence des montagnes sur l'arrosement du globe?
Pourquoi le Sahara est-il aride et l'Irlande couverte de marais?
Quel serait l'état du globe sans les montagnes?

---

§ 3. Montagnes. — Direction. — Origine. — Exhaussement et abaissement du sol. — Age des montagnes. — Mesure de la hauteur. — Montagnes de l'Europe. — Montagnes de l'Asie. — Montagnes de l'Afrique. — Montagnes de l'Amérique. — Principaux sommets du globe.

Une montagne est une grande élévation de terre plus ou moins longue et large, comprenant des *plateaux* ou plaines plus ou moins élevées, et des *vallées* plus ou moins profondes.

On donne le nom de *collines* aux élévations qui ont moins de 2,000 à 3,000 pieds et dont les pentes se confondent avec le sol environnant.

Le sommet des montagnes prend différents noms, selon sa forme : on l'appelle *pic*, *piton*, *puy*, s'il est conique ; *dent*, *corne*, *aiguille*, s'il se termine en une pointe plus ou moins aiguë ; *ballon* ou *dôme*, s'il est arrondi.

On donne le nom de *chaîne* à une suite de montagnes unies à la base, et formant une ligne plus ou moins sinueuse, et celui de *groupe* à des montagnes qui semblent être en désordre. Une chaîne se compose d'une masse centrale plus élevée et de branches latérales perpendiculaires, appelées *chaînons*, qui souvent donnent naissance à des *rameaux*.

Les dépressions du sol à travers les chaînes de montagnes s'appellent *défilés*, *cols*, *pas*, *passes*, *portes*, *pyles*, *gorges*. Comme elles offrent le seul moyen de traverser les montagnes, elles ont une grande importance commerciale et politique. Plusieurs de ces passages sont célèbres dans l'histoire.

La partie inclinée, comprise entre le sommet et la base

d'une montagne, est la *pente* ou *versant*. Comme la plus grande élévation des montagnes n'est pas au centre, les deux pentes sont ordinairement de longueur inégale; l'une est plus courte et plus escarpée que l'autre. La pente la plus escarpée est tournée vers le Sud dans les montagnes de l'ancien continent, et vers l'Ouest dans celles du Nouveau Monde.

Les plus hautes chaînes de montagnes ont la même direction que la plus grande dimension des continents. Ainsi dans l'ancien continent, les plus hautes montagnes vont de l'Est à l'Ouest, tandis qu'en Amérique, elles se dirigent du Nord au Sud. En Europe, en Asie, les montagnes qui, comme l'Oural, vont du Sud au Nord, sont peu élevées; il en est de même en Amérique pour les montagnes qui, comme les Appalaches et les monts du Brésil, vont de l'Est à l'Ouest. Ainsi, en voyant la dimension d'un continent, on peut connaître les plus hautes montagnes. Cette règle s'étend aux îles et aux presqu'îles, témoin la Scandinavie, l'Italie, le Kamtchatka, la Californie, Java, Madagascar. On pourrait donc prédire que, si une chaîne de montagnes venait à s'élever en Irlande, elle se dirigerait probablement du Nord au Sud, dans le sens de la plus grande dimension de l'île.

Les montagnes sont des exhaussements du sol, qui était autrefois couvert par la mer, puisque sur le sommet et sur les versants on trouve des animaux marins, des plantes marines, des coquillages de toute espèce. Cet exhaussement a été produit par le feu intérieur du globe, dont l'action continue à se faire sentir par les volcans, les tremblements de terre, le soulèvement et l'abaissement du sol dans plusieurs contrées.

La terre, qui paraît si tranquille, s'exhausse en certains lieux et s'abaisse dans d'autres. Ce n'est que sur les côtes qu'on peut constater ce phénomène. Les lignes parallèles, tracées sur les falaises par les flots de la mer attestent l'exhaussement. Cet exhaussement est visible sur les côtes de la Norvége et de la Suède. Le sol s'élève, à Tornéa, d'un mètre et demi par siècle, à Upsal, d'un mètre ; plus au Sud, il ne change pas de niveau, tandis que la pointe méridionale de la Scanie baisse lentement, comme le prouvent des forêts englouties sous les eaux. On pourrait comparer la Scandinavie à une planche qui s'élève d'un côté et baisse de l'autre. De même, les côtes de France s'élèvent au Sud et à l'Ouest. Le port d'Aigues-Mortes, où s'embarqua Saint-Louis, est aujourd'hui à 5 ou 6 kilomètres de la mer Méditerranée. Le golfe du Poitou, qui s'enfonçait jusqu'à Niort, n'est plus qu'une petite baie appelée l'Anse de l'Aiguillon ; et la Rochelle, située sur un rocher dont lui vient son nom, ne communique avec la mer que par un étroit chenal. Dans la Méditerranée, les îles Baléares, la Sardaigne, la Sicile, Malte, Crète, Rhodes, Chypre, sont plus élevées et plus grandes qu'autrefois. Au nord de l'Afrique, l'exhaussement a comblé les ports de Carthage, d'Utique, de Biserte. Le Sahara, qui s'est, dit-on, élevé de 275 mètres, a pris la place du large détroit qui joignait la Méditerranée à l'Océan Atlantique, entre le golfe de la Syrte et les îles Canaries.

Le même soulèvement a lieu au Nord de l'Asie, où il a séparé le golfe d'Obi de la mer Caspienne ; et dans l'Asie Mineure, dont les côtes s'élèvent graduellement au Nord, et à l'Ouest. Les ports d'Ephèse et de Priène sont aujourd'hui à 7 kilomètres de la mer ; et la côte d'Ephèse a gagné sur l'Archipel un espace d'environ 500 kilomètres carrés, égal à la superficie de l'île de Wight.

En Amérique, les traces du soulèvement sont évidentes sur les côtes du Labrador, sur celles de Terre-Neuve, sur celles du Pérou, de la Bolivie et du Chili. Plusieurs anciens ports du Chili sont devenus inaccessibles. De 1817 à 1834, le sol de Valparaiso s'est élevé de plus de trois mètres, et la côte d'Arica s'est élevée de 150 mètres en quarante ans.

On remarque le même exhaussement dans les îles de l'Océanie. Les îles Sandwich ou Hawaï, les îles Salomon, les Nouvelles Hébrides, se sont élevées ; et dans la Nouvelle Zélande, la côte de Lyttleton s'est élevée d'un mètre en dix ans. Toutes les îles à l'Est de l'Asie, depuis les Philippines jusqu'au Kamtchatka se sont aussi élevées. Sumatra, Java et les autres îles de la Sonde s'élèvent graduellement et tendent à devenir un continent.

Les preuves de l'abaissement du sol sont encore plus évidentes que celles du soulèvement. Nous avons vu que la pointe méridionale de la Scanie en Suède s'est abaissée. Quelques rues de Malmoe et de plusieurs autres villes voisines sont sous les eaux, et la côte a perdu près de 30 kilomètres de largeur. On remarque le même abaissement sur les côtes de la mer du Nord et sur celles de la Manche. Des forêts et des tourbières ont été englouties ; le golfe du Zuyderzée devient de plus en plus profond, et les rues d'Amsterdam et de Rotterdam sont plus basses que la marée d'équinoxe. Sur les côtes de la Picardie et de la Normandie, on aperçoit aussi des forêts sous les eaux. Le mont Saint-Michel, qui était au milieu d'une forêt et sur lequel un monastère fut bâti en 709, est aujourd'hui une espèce d'île qui n'est jointe à la terre ferme que pendant la marée haute.

En Italie, la côte de la Toscane a baissé, puisque les dalles de l'ancienne voie Emilia sont visibles sous les eaux de la mer, près des Maremmes. Les côtes de la mer Adriatique baissent aussi au Nord et à l'Est; Venise perd un pied de terrain par siècle.

En Afrique, le nord de l'Égypte s'est tellement abaissé qu'en 1784, la mer y fit une irruption et forma le lac d'Aboukir dans une plaine où s'élevaient plusieurs villes. A l'ouest, les îles de Madère et les Canaries, qui sont peut-être des restes de l'Atlantide des anciens, s'enfoncent graduellement dans l'Océan Atlantique.

En Amérique, la côte du Groenland et celle des Etats-Unis, depuis le cap Cod jusqu'au cap Hatteras, vont aussi en s'abaissant. Il en est de même des Antilles, qui unissaient autrefois les deux Amériques.

Dans l'Océanie, les Carolines, les îles Marshall, les îles Gilbert, et les autres îles de la Polynésie, qui sont probablement les restes d'un ancien continent trois fois plus grand que l'Europe, continuent de s'enfoncer sous les eaux de l'Océan Pacifique.

Les montagnes, qui, comme l'exhaussement et l'abaissement du sol, doivent leur origine à l'action du feu intérieur, n'ont pas été soulevées à la même époque géologique, parce qu'elles ne sont pas couvertes des mêmes terrains. C'est d'après la nature des terrains qu'on peut déterminer l'époque où une montagne est sortie des entrailles de la terre. Une montagne est plus jeune que le terrain qu'elle a soulevé, et plus vieille que les couches de terrain qui sont venues s'étaler horizontalement à sa base. Ainsi, les Vosges, couvertes de terrains primitifs, sont plus anciennes que les Pyrénées ; et les Pyrénées plus anciennes que les Alpes, parce que les mêmes couches tertiaires, qu'on trouve relevées au sommet des Alpes, s'étendent horizontalement au pied des Pyrénées. Les Pyrénées existaient au commencement de l'époque tertiaire, tandis que le soulèvement des Alpes a été postérieur; et les Andes, dont les couches sont encore plus récentes, n'ont été soulevées que les dernières. Il est à remarquer que les montagnes les plus anciennes sont les moins élevées ; ainsi les Vosges sont moins élevées que les Alpes, et la hauteur des Alpes est inférieure à celle de la Cordillère des Andes.

La même montagne ne s'est pas toujours formée d'un seul coup. Comme on trouve sur les Alpes des terrains de différentes époques, le granit, le schiste, le calcaire, on en conclut qu'elles ne sont pas le produit d'un même soulèvement. Elles ont été soulevées graduellement pendant des centaines, peut-être des milliers de siècles ; et chaque soulèvement, distinct par son âge et par sa direction, est venu ajouter à leur masse et à leur hauteur. Sur d'autres montagnes, au contraire, comme les Carpathes, les Pyrénées, le Caucase, les Andes, toutes les couches de terrain sont le produit d'un seul soulèvement.

La trigonométrie, qui enseigne à déterminer les trois parties inconnues d'un triangle, quand on connaît les trois autres parties, offre le moyen de mesurer la hauteur des montagnes.

On se sert aussi du *baromètre*, instrument dont le nom est formé des deux mots grecs, *baros*, pesanteur, et *métron*, mesure. Cet instrument se compose d'un tube de verre fermé par en haut et qui, après qu'on y a fait le vide, a été plongé, par le côté ouvert, dans une cuvette contenant du mercure. Le mercure monte plus ou moins dans ce tube, selon que la pression de l'air est plus ou moins forte. L'air étant plus dense, plus pesant, au niveau de la mer que sur une montagne, presse davantage sur le mercure de la cuvette. Plus on s'élève, plus l'air devient rare et léger, et moins il pèse sur le mercure, qui monte moins haut. Le mercure baisse d'un dixième de pouce pour 87 pieds d'élévation. Au pied du Chimborazo, la colonne de mercure a 30 pouces de hauteur (75 centimètres) ; au sommet, elle n'a que 15 pouces. Cette différence permet de calculer la hauteur de la montagne.

L'eau bouillante offre un troisième moyen de mesurer la hauteur des montagnes. L'eau bout, lorsque la force d'expansion de la vapeur est égale à la pression de l'air qui pèse sur le liquide. Comme la pression de l'air diminue à mesure qu'on s'élève, l'eau doit bouillir plus tôt sur une montagne qu'au niveau de la mer ; il lui faut moins de chaleur, puisque pression de l'air est moindre. Ainsi, au bord de la mer, l'eau bout à une température de 101°, tandis que sur le Mont-Blanc, elle bout à une température de 84° et demi. Sur le sommet des plus hautes montagnes, où la pression de l'air est très-légère, l'eau bout sans être plus chaude que du lait qu'on vient de traire.

D'après cette différence d'ébullition, on calcule la hauteur de la montagne. Quand l'eau bout à 84° et demi, on est à 4,800 mètres de hauteur.

Les plus hauts sommets des montagnes ne dépassent pas 8,800 mètres d'altitude ; c'est une élévation bien petite, si on la compare à la masse de la terre. Sur un globe artificiel de deux pieds de diamètre, elle n'est pas plus sensible qu'une mince feuille de papier. Aussi l'on peut dire que la surface de la terre est plus lisse que la pelure d'une orange ou la coquille d'un œuf. Toutes les montagnes du globe, transportées aux pôles, ne suffiraient pas pour en faire disparaître l'aplatissement.

Voici les principales chaînes de montagnes avec les sommets les plus élevés, mesurés en mètres.

MONTAGNES D'EUROPE

Montagnes britanniques : Ben-Nevis, 1330. — Snowdon, 1080.

Monts scandinaves : Snee-hatten, 2500. — Skagstöltind, 2,500.

Oural : Konjakovski, 2080. — Iremel, 1700.

Caucase : Elbrouz, 5500. — Kazbek, 5000.

Carpathes : Poyana Ruska, 3000. — Lomnitz, 2700.

Balkan : Shar-dagh, 3000. — Mont Athos, 2000. — Mont Olympe, 3000.

Alpes : Mont Blanc, 4800. — Mont Rosa, 4600. — Mont Cervin, 4500.

Apennins : Mont Corno, 2900.

Jura : Reculet, 1700. — Mont Tendre, 1680.

Vosges : Ballon de Guebwiller, 1420. — Ballon d'Alsace, 1250.

Monts d'Auvergne : Puy de Sancy, 1900. — Mont Dore, 1880 et Cantal, 1850.

Cévennes : Mezenc, 1770. — Lozère, 1690.

Pyrénées : Pic de Nethou ou Maladetta, 3480. — Mont Perdu, 3400.

Sierra Nevada : Pic de Mulahacen, 3500.

En général, les chaînes de montagnes ont une variété infinie de formes, suivant leur hauteur, leur constitution géologique, la force et la direction des météores, comme l'air, la pluie, la neige, la glace, le dégel, qui ne cessent de modifier leur surface. Il n'y a peut-être pas une seule chaîne régulière. L'ensemble de la plupart des montagnes est si compliqué, et offre un tel dédale de massifs, de chaînons, de plateaux, de terrasses, de vallées parallèles ou perpendiculaires, qu'on ne peut reconnaître la direction des sommets qu'en étudiant la nature et la direction des couches de terrain qui les composent. Chacune, même les plus simples, offre des caractères particuliers. Bornons-nous à quelques observations sur les principales chaînes.

Les *montagnes des îles Britanniques* comprennent les Grampians en Écosse, les Cheviots entre l'Écosse et l'Angleterre, les monts du Cumberland, du pays de Galles et du Devonshire, et ceux de l'Irlande. Ces montagnes, sans avoir une grande élévation, sont remarquables par leur beauté pittoresque et par la richesse de leurs mines de houille, de fer, de plomb, de cuivre et d'étain.

Les *Monts scandinaves* offrent la même beauté pittoresque et la même richesse minérale. C'est moins une chaîne qu'une suite de plateaux, couverts de neiges, de glaciers, de roches granitiques et cristallines, qui prennent les formes les plus fantastiques.

L'*Oural*, qui fait la limite naturelle de l'Europe et de l'Asie, est une double rangée de collines parallèles, couvertes de forêts épaisses, de roches nues, et, vers le Nord, de vastes marais. Il est riche en mines d'or, de fer, de cuivre, de platine, de sel gemme, de pierres précieuses. La malachite de l'Oural est la plus belle du monde.

Le *Caucase*, autre barrière entre l'Europe et l'Asie, s'étend de la mer Noire à la mer Caspienne, sur une longueur de 1000 kilomètres, et sur une largeur qui varie de 80 à 150 kilomètres.

Les *Carpathes*, qui commencent aux fameuses Portes de fer sur le bord du Danube, couvrent la Transylvanie, où sont leurs sommets les plus élevés, séparent la Hongrie de la Galicie et se prolongent en Moravie, en Bohème, sous les noms de Monts Sudètes et de Riesen-Gebirge ou monts des Géants. Ils sont remarquables par la beauté pittoresque de leur paysage et par la richesse de leurs mines. Les mines de sel gemme, près de Cracovie, sont les plus abondantes de l'Europe.

Les monts *Balkan*, qui traversent la Turquie, de l'Est à l'Ouest, s'élèvent au Nord jusqu'au Danube, qui les sépare des Carpathes; au Sud, ils envoient des branches jusqu'au Bosphore, à la mer de Marmara et à l'Archipel, et ils forment le promontoire du mont Athos, la chaîne du Shar-dagh et celle du Pinde, qui les relient aux montagnes de la Grèce.

Les *Alpes,* formées de terrains soulevés à différentes époques, sont moins une chaîne régulière qu'un chaos de massifs, de chaînons et de rameaux, disposés sans aucune loi visible d'harmonie. Ces montagnes, qui s'étendent depuis Nice jusqu'aux portes de Vienne et aux frontières de la Hongrie, sur une longueur de 1,000 kilomètres, et sur une largeur variable de 150 à 300 kilomètres, se composent d'une quarantaine de massifs distincts, ayant pour centre le grand massif du Saint-Gothard, qui fait le partage des eaux du Rhône, de l'Aar, du Rhin, du Tesin et de plusieurs autres rivières. Sous le rapport de la variété et de la grandeur des scènes pittoresques, les Alpes, avec leurs masses pyramidales, leurs hauts sommets couronnés de neiges éternelles, leurs vastes glaciers, leurs flancs escarpés, tantôt nus, tantôt couverts de forêts épaisses, leurs profondes vallées, leurs effrayants précipices, leurs torrents écumants, leurs brillantes cascades, leurs lacs bleus et limpides, leurs mille sources qui deviennent des rivières et des fleuves, offrent un spectacle imposant et magnifique, qu'on ne trouverait peut-être dans aucune autre partie du monde.

Les Alpes, qui forment le relief le plus élevé de l'Europe centrale, se prolongent à l'Est par les Carpathes, au Sud-Est par les montagnes de l'Illyrie, au Sud par les Apennins, dont les extrémités vont sortir en Sicile, à l'Ouest par les montagnes de la France, qui les relient aux Pyrénées et aux chaînes de la péninsule ibérique.

Aucun système montagneux n'est mieux connu que celui

des Alpes; ses pics les plus escarpés ont été escaladés et explorés dans tous les sens. On gravit le mont Blanc plus gaiement que nos pères n'auraient monté sur le mont Dore. Le premier jour, on chemine sans peine et sans danger; on marche sur le gazon ou sur le roc. Le second, on ne trouve plus que la neige ou la glace, et l'on est souvent arrêté par des crevasses larges et profondes. Pour les franchir, on s'aventure quelquefois sur des crêtes tranchantes de glace, sur des arches de neige durcie, qui s'étendent, comme des ponts étroits et fragiles, d'un bord à l'autre de la crevasse et qu'on sent souvent craquer sous ses pieds; d'autres fois, on est obligé de descendre au fond de la crevasse et de la remonter par le côté opposé, en pratiquant des escaliers dans la neige à coups de hache.

Sur le sommet, qui est arrondi comme un dôme, le voyageur jouit d'un spectacle dont une description ne saurait donner qu'une faible idée. A ses pieds, c'est un dédale de pics décharnés, d'aiguilles de glace, de coupoles de neige. Çà et là des traînées d'aspect vitreux étincellent dans les gorges sous les feux du soleil : ce sont des glaciers; on les compte par centaines. Au Sud, la vue s'étend sur les riches plaines de la Lombardie jusqu'à la mer; à l'Ouest, sur les plaines de la France, qui se perdent dans la brume; au Nord, s'étend la Suisse des montagnes, toute moutonnée; au-delà, la Suisse des prairies, semblable à un tapis vert; les lacs de Genève et de Neufchâtel, pareils à deux points azurés; et, à l'extrémité de l'horizon, la ligne monotone et bleue du Jura.

A cette hauteur de 4,800 mètres, l'air est deux fois plus rare que dans la plaine. Le mercure du baromètre, au lieu de marquer 75°, comme au niveau de la mer, descend à 43°. Or, quand l'air respiré est du double plus rare, la respiration doit être deux fois plus fréquente, et cette accélération forcée de la respiration cause une fatigue excessive, un malaise général, une espèce de mal au cœur, qui ôte tout appétit. Quand la respiration s'accélère, la circulation du sang s'accélère aussi, et le pouls bat cent pulsations par minute, au lieu de soixante. On éprouve une vraie fièvre, et l'on est dévoré d'une soif ardente, irritée par la sécheresse de l'air, qui contient six fois moins d'humidité qu'au pied de la montagne. La rareté de l'air produit aussi une extrême faiblesse de son. A une dizaine de pas, on a de la peine à s'entendre, et un coup de pistolet ne fait pas plus de bruit que le pétard d'un bonbon n'en fait dans la plaine.

Les montagnes de la France comprennent le *Jura*, massif calcaire, composé de deux arêtes parallèles; les *Vosges*, dont les sommets arrondis et peu élevés prennent le nom de ballons; les *monts d'Auvergne*, qui portent les traces de nombreux volcans éteints; et les *Cévennes*, qui commencent en Roussillon, se prolongent dans les monts du Forez, du Beaujolais et de la Bourgogne jusqu'au plateau de Langres, et qui sont peu élevées, comme les montagnes de l'ancien continent qui vont du Sud au Nord.

Les *Pyrénées*, qui séparent la France de l'Espagne, ont un aspect bien moins varié que les Alpes. Leur forme est plus simple et plus régulière. La partie comprise entre la vallée de Roncevaux et celle de Venasque, non loin du pic de Nethou, peut être considérée comme le type d'une chaîne parfaite; on dirait une arête de poisson ou une feuille de fougère. Malgré la simplicité de leur structure, les Pyrénées offrent maintes scènes pittoresques et imposantes. L'un des endroits les plus curieux est un de ces cirques creusés dans les montagnes au commencement de la plupart des vallées; il est près du village de Gavarnie, au Nord du mont Perdu. C'est un vaste demi-cercle, entouré par une muraille verticale de rochers de 400 à 500 mètres d'élévation, qui sont dominés par des sommets taillés en énormes gradins couverts de neiges éternelles. Dix torrents se précipitent dans le cirque. L'un tombe d'une hauteur de 400 mètres, rejaillit en tourbillons d'écume et s'enfonce dans une voûte souterraine creusée sous les neiges, qu'on appelle le Pont de Glace. Bientôt il reparaît, grossi par les eaux des torrents voisins, et il forme, en sortant de la vallée, une rivière fougueuse connue sous le nom de Gave de Pau. Le cirque de

Gavarnie est un des spectacles naturels les plus grandioses de l'Europe.

Les montagnes de la péninsule ibérique comprennent les *Pyrénées*, qui se prolongent à l'Ouest sous le nom de monts *Cantabres*, jusqu'au cap Finisterre ; les sierras de *Guadarrama* et de *Gredos*, entre les deux Castilles ; les sierras de *Tolède* et de *Guadalupe*, dans la Nouvelle Castille ; la *Sierra-Morena*, si riche en mines de mercure et de plomb, au Sud de la Nouvelle Castille, et la *Sierra-Nevada* ou neigeuse, qui traverse les belles et fertiles plaines de l'Andalousie et qui, comme les Pyrénées, dépasse la ligne des neiges éternelles. Toutes ces chaînes font de l'Espagne un plateau élevé de 500 à 700 mètres, et quelques-unes se prolongent sous différents noms, à travers le Portugal, jusqu'aux rivages de l'Océan Atlantique.

MONTAGNES DE L'ASIE.

Altaï, de 1600 à 2000 mètres. — Mont Biélouka, 4000.

Stanovoï. — Pic de 2000 mètres.

Thian-Shan, ou Monts Célestes. — Pic volcanique de Peshan, 4800 mètres.

Kuen-Lun ou Tsoung-Ling. — Pic de 5000 mètres.

Bolor. — Pic de 5800 mètres.

Indo-Kousii. — Koli-Baba, 6200 mètres.

Karakorum. — Dapsang, 8620 mètres.

Himalaya. — Mont Everest ou Gaurisankar, 8840 mètres ; Kinchin-Junga, 8580 mètres ; Dwhalagiri, 8170.

Elbourz. — Mont Demavend, 6000 mètres.

Zagros, entre la Turquie et la Perse. — Mont Jawur, 4000 mètres.

Monts d'Arménie. — Mont Ararat, 5100 mètres.

Taurus et Anti-Taurus. — Mont Argée, 3800 mètres.

Liban et Anti-Liban. — Mont Hermon, 3000 mètres.

Monts d'Arabie. — Mont Horeb, 3000 mètres ; mont Sinaï, 2600.

Le Caucase, qui communique avec les montagnes d'Arménie, avec l'Anti-Taurus et le Taurus, sert de lien entre les montagnes de l'Europe et celles de l'Asie. Au Sud, le Taurus se prolonge dans le Liban, qui s'étend, à travers la Palestine, jusqu'aux monts bibliques de l'Horeb et du Sinaï. De l'Ouest à l'Est, le Taurus, l'Anti-Taurus, les monts d'Arménie, l'Elbourz et l'Indo-Koush forment une longue chaîne, qui va se joindre aux grandes chaînes de l'Asie centrale, couvertes de neiges éternelles. L'Indo-Koush se prolonge, au Sud, dans les monts Soliman, parallèles au cours de l'Indus; au Nord, dans les monts Bolor, qui communiquent avec le Karakorum, montagne du Tibet, avec le Kuen-Lun ou Tsoung-Ling, situé entre le Tibet et la Tartarie chinoise, et avec le Tian-Shan ou monts Célestes, montagne volcanique entre la Tartarie chinoise et la Soungarie ou Mongolie occidentale. Au Sud-Est de l'Indo-Koush, au delà de l'Indus, s'élève, entre le Tibet et l'Indoustan, le gigantesque Himalaya, dont le nom sanscrit signifie « la demeure de la neige. » C'est la chaîne la plus élevée du monde. Elle a trois pics qui dépassent 8000 mètres, dix-sept au-dessus de 7500, quarante au-dessus de 7000, et cent-vingt au-dessus de 6000. C'est aussi la chaîne la plus difficile à traverser, à cause de son immense largeur, de ses escarpements inaccessibles, de ses torrents furieux, de la rareté, de la hauteur et du danger de ses routes. Le trajet prend plus de soixante jours, et pendant plus de vingt-cinq jours la route n'a jamais moins de 4200 mètres d'élévation. La passe de Karakorum, qui est la plus importante, est à 6000 mètres au-dessus du niveau de la mer.

Les monts Ghâts ou Ghauts, qui longent, à l'Ouest, la côte de Malabar, et, à l'Est, la côte de Coromandel, sont moins élevés que les monts Nilgherrys, qui leur servent de lien, au Sud de le péninsule, et qui ont une altitude de 2000 à 2500 mètres.

Les montagnes de la Sibérie, celles de la Chine et celles de l'Indo-Chine, qui communiquent avec les îles de la Sonde ou de la Malaisie, ne sont encore guère connues. On n'en sait pas davantage sur les montagnes de l'Afrique, excepté l'Atlas, ni sur celles de l'Australie.

MONTAGNES DE L'AFRIQUE.

Atlas. — Mont Miltsin, 3600 mètres.

Monts de Guinée. — Kong, 1300 mètres; Cameroon, 1400 mètres.

Monts du cap de Bonne-Espérance. — Nieuweldt, pic de 3300 mètres.

Monts Lupata. — De 2500 à 3000 mètres.

Montagnes de la Lune. — Kénia, 5500 mètres; Kiliman-djaro, 6000 mètres.

Monts d'Abyssinie. — Mont Detschen, 5000 mètres.

Monts des Iles. — Madagascar, de 3000 à 3500; Pic de Ténériffe, 3700 mètres; Piton des Neiges, 3100 mètres.

La chaîne de l'Atlas s'étend depuis Tripoli jusqu'à l'Océan Atlantique, auquel elle donne son nom. Elle se compose de trois chaînes parallèles, qui vont en s'élevant de l'Est à l'Ouest, de 660 mètres à Tripoli, de 1300 à Tunis, de 2300 en Algérie et encore plus haut dans le Maroc, où le mont Miltsin dépasse la ligne des neiges éternelles.

Le sud de l'Afrique, où l'on distingue les monts *Nieuweldt* ou neigeux, offre moins des montagnes que des plateaux, qui s'élèvent en terrasses étagées à partir du Cap de Bonne-Espérance, et qui se continuent dans les monts *Lupata* et dans les *monts de la Lune*, auxquels appartiennent probablement les monts volcaniques de *Kenia* et de *Kilimandjaro*, couverts de neiges perpétuelles.

Les montagnes de l'*Abyssinie* forment un plateau élevé de 3000 à 3500 mètres, dont le point culminant, appelé le Ras Detschen, atteint 5000 mètres.

Les seules montagnes connues de l'Australie sont les *Alpes australiennes*, où le mont Kosciusko s'élève à 3,000 mètres, et qui se continuent sous différents noms le long de la côte orientale jusqu'au détroit de Torrès.

MONTAGNES DE L'AMÉRIQUE.

MONTS APPALACHES et ALLÉGHANYS. — Mont Washington, 2300 mètres.

MONTS ROCHEUX. — Mont Saint-Élie, 5600 mètres; mont Brown, 5000 mètres.

CORDILLÈRE DES ANDES. — Mont Aconcagua, 7000 mètres; Sahama, 6750 mètres; Chimborazo, 6500 mètres; Nevado de Sorata, 6480 mètres; Nevado d'Illimani, 6440 mètres.

MONTS DE LA GUYANE. — De 1500 à 2500 mètres.

MONTS DU BRÉSIL. — de 500 à 1000 mètres.

Les monts *Appalaches* et les monts *Alléghanys*, qui s'étendent de l'embouchure du Saint-Laurent au golfe du Mexique, forment deux chaînes parallèles et peu élevées, terminées par des sommets arrondis et uniformes.

Les montagnes qui bordent la côte de l'Océan Pacifique, depuis le détroit de Behring jusqu'au cap Horn, pointe méridionale de la Terre de Feu, forment la chaîne la plus longue du monde; elles ont plus de 12,000 kilomètres. Dans l'Amérique du Nord, elles comprennent deux chaînes parallèles, séparées par le vaste plateau d'Utah : à l'Ouest, la *Sierra-Cascade* et la *Sierra-Nevada* ou neigeuse, qui vont jusqu'au golfe de Californie; à l'Est, les *monts Rocheux*, qui se continuent dans les monts volcaniques du Mexique et de l'Amérique centrale jusqu'à l'isthme de Panama.

La *Cordillère* ou *Chaîne des Andes*, qui commence à l'isthme de Panama et qui parcourt toute l'Amérique méridionale, ne forme qu'une seule chaîne; mais elle se dédouble en plusieurs endroits. En montant du Sud au Nord, il n'y a qu'une chaîne régulière. Au 20e degré de latitude, il s'en forme deux, séparées par le plateau de la Bolivie. Au 10e degré de latitude, les deux chaînes se réunissent pour se diviser bientôt, d'abord en deux branches supportant le plateau volcanique de Quito, puis en trois, qui se dirigent vers l'isthme de Panama, la mer des Caraïbes et l'île de la Trinité.

Si les Andes ont des sommets moins élevés que l'Himalaya, elles l'emportent par leur longueur et souvent par leur largeur, par leurs richesses minérales et par leur luxuriante et magnifique végétation. Leurs vallées profondes, leurs gorges inaccessibles, leurs bruyantes cascades, leurs torrents impétueux, leurs innombrables et gigantesques volcans, offrent les sites les plus pittoresques, les plus sauvages et les plus propres à remplir l'âme d'admiration et d'effroi.

Voici la hauteur comparée des principaux sommets du globe :

	Mètres		Mètres
Mont Everest (Himalaya)	8800	Cayambe (Andes de l'Equateur)	5900
Mont Kinchin-Junga	8500	Antisana	5800
Dwhalagiri	8180	Cotopaxi	5700
Aconcagua (Andes du Chili)	7000	Aréquipa (Andes du Pérou)	5600
Chimborazo (Andes de l'Equateur)	6500	Popocatepetl (Mexique)	5400
		Mont Kiliman-djaro (Afrique)	6000
Sorata (Andes de la Bolivie)	6430	Mont Kénia	5500
Illimani	6400	Mont Blanc (Alpes)	4800

QUESTIONNAIRE.

Définissez les mots *montagne*, *colline*, *sommet : pic*, *puy*, *dent*, *aiguille*, *ballon*, *dôme*, *chaîne*, *groupe* de montagnes, *col*, *pas*, *porte*, *gorge*, *versant*.

Quelle est la direction des montagnes dans l'ancien continent? — En Amérique? — Dans les îles et dans les presqu'îles?

Quelle est l'origine des montagnes?

Où peut-on constater l'exhaussement et l'abaissement du sol?

Nommez des lieux où le sol s'exhausse. — Des lieux où il s'abaisse.

Comment peut-on déterminer l'âge des montagnes?

Comment savoir si une montagne s'est formée d'un seul coup?

Comment mesure-t-on la hauteur des montagnes?

Définissez le *baromètre*.

Quel est le rapport de l'élévation de la plus haute montagne comparée à la masse du globe?

Nommez les principales montagnes de l'Europe et les sommets les plus élevés.

Quelles sont les causes qui modifient la surface des montagnes?

Faites quelques observations sur les montagnes des Iles Britanniques, sur les monts Scandinaves, sur l'Oural, sur le Caucase, sur les Carpathes, sur les monts Balkan, sur les Alpes.

Quelles sont les chaînes de montagnes qui prolongent les Alpes?

Quel spectacle voit-on du haut du Mont-Blanc?

Quels effets éprouve-t-on sur le Mont-Blanc?

Nommez les principales montagnes de la France. — Celles de l'Espagne.
Nommez les principales montagnes de l'Asie et les sommets les plus élevés.
Donnez quelques détails sur l'Himalaya.
Quelles sont les principales montagnes de l'Afrique ? — De l'Australie ? — De l'Amérique ?
Décrivez la cordillère des Andes.
Nommez les principaux sommets du globe et indiquez la hauteur de quelques uns.

---

§ 4. — Glaciers. — Neiges perpétuelles. — Formation et mouvements des glaciers. — Moraines.

Un des spectacles les plus curieux qu'offrent les montagnes, ce sont les *glaciers*, ou plaines de glace, qui ont une grande influence sur le climat. Elles donnent naissance à des sources qui deviennent des rivières et des fleuves et qui arrosent et fertilisent la terre ; elles rafraîchissent les vents qui les traversent et qui, à leur tour, vont tempérer la chaleur des plaines brûlantes. Voici comment se forment les glaciers.

A une certaine hauteur, il fait si froid que le thermomètre est toujours au-dessous du point de congélation et que la neige ne fond jamais. Cette limite s'appelle la *ligne des neiges perpétuelles*. Cette ligne est plus haute sur les montagnes de l'équateur, et elle descend à mesure qu'on s'approche des pôles.

Au-dessus de la ligne de congélation, il tombe sur les montagnes une masse considérable de neige. Une partie s'évapore, ou se fond sous l'action de la chaleur et de la pluie. Une grande quantité est soulevée par les vents ou tombe en *avalanches* redoutables qui ravagent les bois et engloutissent des villages entiers. Cette neige s'accumule dans les gorges, dans les cirques, dans les vallées, où elle se comprime par son propre poids. Le soleil fait fondre la surface de cette neige, l'eau s'infiltre dans les crevasses, et pénètre dans les couches inférieures, où elle gèle pendant la nuit et pendant l'hiver. Après une série de liquéfactions et de congélations, qui embrassent des années, la neige entassée se convertit graduellement en une masse durcie et compacte, comme de la neige mouillée qui se gèle et se durcit, ou comme une boule de neige qu'un enfant comprime dans ses doigts. La neige ainsi durcie est un *gla-*

Il y a sur les Alpes plus de mille glaciers qui couvrent une surface de plus de 3000 kilomètres carrés. Le grand glacier du Mont-Blanc a une longueur de 12 kilomètres. Les plus vastes glaciers du monde sont sur l'Himalaya; celui de Biafo a près de 60 kilomètres de longueur. Il y a aussi des glaciers sur les Pyrénées, sur le Caucase, sur les monts Scandinaves, sur les montagnes de la Nouvelle-Zélande. Les Andes n'ont de glaciers que dans la Patagonie et dans le Chili méridional.

Les glaciers ne cesseraient de s'étendre, si la chaleur de l'été ne venait fondre, chaque année, une partie de la glace formée pendant l'hiver.

Les glaciers ne restent pas immobiles. Poussés par leur propre poids, ils suivent la pente des montagnes, ils descendent et se moulent dans les vallées, comme le ferait une masse pâteuse. Quand ils arrivent dans une température assez chaude pour amener la fonte de la glace, ils diminuent et finissent par disparaître en torrents impétueux. Chaque glacier a une descente uniforme : celui de l'Unteraar fait 100 mètres par an; celui de Lauteraar fait 80 mètres, et celui de Finsteraar n'en fait que 48.

Dans les régions polaires, les glaciers forment des montagnes de glace qui s'avancent sur la mer comme des promontoires. Comme la température des eaux de la mer est plus chaude que celle de l'air, la base du glacier se fond peu à peu; des blocs gigantesques, appelés *icebergs*, se détachent par leur poids et s'éloignent en flottant sur les mers. Ces masses énormes s'élèvent de 15 à 60 mètres au-dessus de la surface de l'océan, où leur base s'enfonce de 150 à 300 mètres. Elles refroidissent l'eau et les côtes voisines. A mesure qu'elles s'avancent vers des latitudes plus chaudes, elles se fondent et disparaissent graduellement. Les montagnes de glace du pôle nord dépassent rarement le 45° de latitude, tandis que celles du pôle sud arrivent souvent jusqu'au cap de Bonne-Espérance, c'est-à-dire à 10° plus près de l'équateur.

L'épaisseur des glaciers varie de 30 à 40 mètres, elle va jusqu'à 200 et même 400 mètres. Une obscurité profonde règne sous ces immenses voûtes. Un berger, qui eut le malheur de tomber par une crévasse dans un glacier, dut son salut au murmure d'un ruisseau formé par les eaux qui ruisselaient des fentes et des parois ; il suivit le cours de l'eau et trouva une ouverture à l'extrémité inférieure du glacier. Il y a du danger à s'aventurer sous ces sombres abîmes. Deux jeunes gens qui visitaient l'intérieur du glacier du Rhône, s'avisèrent de tirer un coup de pistolet. La détonation fit écrouler le plafond, et ils furent ensevelis sous la glace.

Les deux côtés des glaciers sont bordés par une rangée de débris, souvent énormes, de roches que la pluie, la neige et le dégel détachent du sommet et des flancs des montagnes, et qui suivent le mouvement insensible de la glace ; ce sont des *moraines*. Il y en a qui ont de 20 à 30 mètres de hauteur. Quand le glacier fond, ces moraines, n'ayant plus de support, roulent et forment un amas confus de roches *erratiques*, c'est-à-dire errantes, toutes différentes des terrains environnants. Ces moraines sont rayées, rugueuses, anguleuses, et non arrondies et polies comme les roches roulées par les torrents ; il est facile de les distinguer. Quand on en trouve dans un pays, on en conclut qu'elles y ont été déposées par un glacier et que les glaciers étaient autrefois plus étendus. Il y a des moraines dans les vallées de la Suisse, dans les plaines de la Lombardie, dans la France centrale, sur les collines de l'Écosse, du Cumberland, du pays de Galles, de l'Irlande, et dans tout le nord de l'Europe et de l'Amérique. Il est probable que tous ces pays étaient couverts de glaciers, comme l'est encore le Spitzberg.

QUESTIONNAIRE.

Définissez la *ligne des neiges perpétuelles.*
Décrivez la nature et l'origine des *glaciers.*
Nommez les glaciers de quelques montagnes.
Pourquoi les glaciers n'augmentent-ils pas d'étendue ?
Les glaciers sont-ils immobiles ? — Quelle est l'épaisseur de leur voûte ?
Décrivez la nature et l'origine des *icebergs.* — Quelle en est la hauteur ? — la profondeur ?
Définissez le mot de *moraine.* Que prouve l'existence des moraines dans un pays ?

---

§ 8. Volcans. — Origine. — Principaux volcans du globe. — Distribution des volcans. — Volcans de la mer. — Iles volcaniques. — Sortes de volcans. — Solfatares.

Aux montagnes se rattachent les volcans. Les *Volcans* (de *Vulcain*, dieu du feu) sont des montagnes plus ou moins coniques, qui jettent, par une ouverture, appelée *cratère* (du grec *crater*, coupe) de la lave ou roche fondue, comme ceux d'Europe; des cendres et des vapeurs d'eau, comme ceux de Java ; des torrents d'eau et de boue, comme ceux de la Cordillère des Andes.

Comme les volcans rapprochés n'ont pas d'éruption en même temps, et comme ils vomissent des matières différentes de nature et d'aspect, on en conclut qu'ils n'ont pas tous la même origine. On attribue les uns au feu intérieur, les autres aux eaux de la mer qui s'infiltrent à travers les fissures de la terre ; ces eaux, arrivées au contact du feu intérieur, s'y vaporisent et remontent à la surface par des ouvertures. Les volcans seraient donc des canaux, des espèces de cheminées, qui établissent une communication entre la surface et l'intérieur incandescent du globe.

Les laves sont le produit le plus considérable des volcans ; puis viennent les cendres, l'eau et la boue. Ces torrents de lave, d'eau ou de boue comblent les vallées, balayent tout sur leur passage, engloutissent des villes entières et modifient la surface du sol dans une vaste étendue de pays. La quantité de matières rejetées par certains volcans paraît incroyable. De celui de Tomboro, dans l'île de Sumbava, sortirent, en 1815, assez de cendres pour former trois montagnes égales au Mont-Blanc. Cette éruption, la plus effrayante dont on ait gardé le souvenir, coûta la vie à 12000 personnes et se termina par l'écroulement du volcan, qui disparut en cendres et en fumée au milieu d'un bruit épouvantable. On entendit les détonations jusqu'en Sumatra, éloignée de 1200 kilomètres, et le nuage de cendres et de fumée, changea le jour en nuit sur un espace grand comme la France. En 1783, le volcan de Skaptar-Jokul, en Islande, vomit encore deux fois plus de cendres ; il y aurait eu de quoi faire six montagnes comme le Mont-Blanc. Le torrent de matières en fusion couvrit plus de 200 kilomètres carrés, combla les vallées et forma un vaste lac de feu de 70 mètres de profondeur. Dans une seule éruption, le Vésuve, qui n'est pas un des grands volcans, rejeta plus de 100 millions de tonnes de lave.

VOICI LA LISTE DES VOLCANS LES PLUS CONNUS DU GLOBE.

Europe.

	Mètres
ESK, île de Jean Mayen	500
HÉCLA, en Islande	4.900
VÉSUVE, en Italie	4 180
STROMBOLI, île Lipari	700
ETNA, en Sicile	3.300

Afrique.

	Mètres
KÉNIA, 5° latitude Sud	5.500
KILIMAN-DJARO	6.000
Pic DE TÉNÉRIFFE, Canaries	3.700
FUÉGO, îles du Cap-Vert	2.700

Asie.

	Mètres
ARARAT, en Arménie	5.100
DÉMAVEND, en Perse	6.000
PÉCHAN, en Chine	3.000
KLUTCHEVSKAJA, en Kamtchatka	5.000
FUSI-YOMA, au Japon	3.800
SÉMÉRU, île de Java	3.600

Amérique.

	Mètres
SAINT-ELIE, territoire d'Aliaska	5.300
POPOCATÉPETL, Mexique	5.500
ORIZABA —	5.300
JORULLO —	1.100
AGUA, Amérique centrale	3.900
COSÉGUINA —	3.000
TOLIMA, en Colombie	5.600
CHIMBORAZO, Equateur	6.500
ANTISANA —	6.000
CAYAMBÉ —	5.900
COTOPAXI —	5.700
SANGAY —	5.600
TONGURAGUA —	5.000
PICHINCHA —	4.850
ARÉQUIPA, Pérou	5.500
SAHAMA —	7.300
GUALATIERI —	6.700
ACONCAGUA —	7.100

Iles Sandwich.

	Mètres
MAUNA-LOA	4.300
KILAUÉA	5.000

Il existe un ordre dans la distribution des volcans. Ils forment ordinairement une ligne droite, comme s'ils avaient été produits dans chaque endroit par la même fracture de la croûte terrestre. C'est ainsi que sont disposés les volcans des Andes de l'Équateur, ceux du Guatémala, du Mexique, de Java, du Kamtchatka, et la plupart des volcans situés dans des îles. Un autre fait à remarquer dans la distribution des volcans, c'est qu'ils sont situés dans des îles, ou près des côtes de la mer, sur les continents. Sur les 300 volcans qui existent, il y en a 200 dans des îles; presque tous les autres sont près de la mer. Les côtes de l'Océan Pacifique forment un immense cercle de volcans, qui commence à la Terre de feu, passe par les Andes, les montagnes de l'Amérique du Nord, les îles Aléoutiennes, le Kamtchatka, les Kouriles, le Japon, Formose, les Philippines, les îles de la Sonde, les îles à l'Est de l'Australie, la Nouvelle-Zélande, et va se terminer dans les terres antarctiques, où se dressent les sommets élevés du mont Erébus et du mont Terror. Les points les plus remarquables de cette chaîne de feu, qui renferme les sept huitièmes de tous les volcans du globe, sont le plateau de Quito, celui de l'Amérique centrale, celui du Mexique et l'île de Java.

Sur le plateau de Quito, se dressent 16 volcans plus élevés que le Mont-Blanc et rangés en deux lignes, 8 sur la chaîne orientale et 8 sur la chaîne occidentale; 11 sont visibles de la principale place de la ville. Ces volcans ne vomissent guère que des torrents de boue sulfureuse ou carbonifère. Les eaux boueuses, sorties des entrailles de la terre, contiennent souvent de petits poissons dont l'espèce vit dans les lacs du voisinage, et la quantité en est quelquefois si prodigieuse, que leur putréfaction produit des maladies épidémiques. On n'a conservé le souvenir d'aucune éruption du gigantesque Chimborazo. La dernière éruption de l'Antisana eut lieu en 1590. Le Sangay, qui fit sa première en 1728, est resté depuis lors en activité continuelle. Le Pichincha, qui est un peu plus élevé que le Mont-Blanc, fut, au XVIe siècle, le théâtre de terribles éruptions; les nuages de cendre plongèrent durant des jours entiers la ville de Quito dans une profonde obscurité. En 1698, l'éruption du Carguairazo produisit une inondation boueuse qui couvrit 70 kliomètres carrés de terrain et causa d'affreux malheurs. En 1797, une grande partie du Tonguragua s'affaissa avec les forêts qu'il portait, et des gouffres qui s'ouvrirent on vit sortir des torrents de boue, dont un seul remplit une vallée de 300 mètres de large et de 200 mètres de profondeur. Le Cotopaxi, qui forme un cône parfait revêtu d'une épaisse couche de neige, est le plus redouté des volcans de Quito. Au XVIIIe siècle, il eut plusieurs éruptions terribles. En 1744, la colonne de flammes s'éleva à 900 mètres au-dessus du cratère; les neiges entassées là depuis des siècles fondirent et formèrent un torrent qui rasa 600 maisons et engloutit 700 à 800 personnes. Des blocs de rocher, pesant dix tonnes, furent lancés à plus de 14 kilomètres de distance. Pendant l'éruption de 1803, toutes les neiges de la montagne fondirent de nouveau, et les mugissements du volcan se firent entendre jusqu'au port de Guayaquil, situé à plus de 200 kilomètres.

L'Amérique centrale est une des régions les plus volcaniques de la terre. L'éruption la plus fameuse est celle du Coseguina, qui eut lieu en 1835. Elle fut précédée d'un bruit épouvantable, comme celui d'une innombrable artillerie souterraine, et un immense nuage noir couvrit tout le pays. A San Salvador, éloigné de plus de 100 kilomètres, une obscurité profonde remplaça le jour. Les cendres furent portées par le vent jusque dans l'île de la Jamaïque, à plus de 800 kilomètres de distance.

Le volcan mexicain le plus connu est le Popocatepetl, dont l'histoire ne mentionne aucune éruption. Le cratère, élevé de 5500 mètres, est un gouffre immense presque rond, de 4 kilomètres de circonférence et de 300 à 350 mètres de profondeur perpendiculaire. L'Orizaba n'a pas eu d'éruption depuis 1566. Le volcan de Jorullo doit sa formation à un des phénomènes les plus curieux que nous offre l'histoire de notre globe. En 1759, pendant la nuit, un terrain de douze kilomètres carrés, situé dans la province de Valladolid, se souleva en forme de vessie. Au centre d'un millier de cônes enflammés s'élevèrent soudainement six montagnes de 400 à 500 mètres de hauteur au-dessus du niveau des plaines voisines; la principale est le volcan de Jorullo.

L'île de Java, qui est un peu moins grande que l'Angleterre, a été le théâtre de terribles phénomènes volcaniques. Elle compte 45 volcans, de 3000 à 3600 mètres d'élévation, et rangés en ligne droite, de l'Est à l'Ouest. Le Séméru, le plus haut de tous, et cinq ou six autres sont en éruption continuelle. Le Ringgit s'effondra en 1596, à la suite d'une effroyable éruption, qui ensevelit plus de 10,000 personnes. Le plus profond cratère est celui du Raon ; il a 660 mètres de profondeur et neuf kilomètres de circonférence. Celui du Tengger, qui est moins profond, est encore plus vaste ; il a 21 kilomètres de circonférence. Au fond du cratère de l'Idjend, on aperçoit un lac enfoncé à un immense profondeur. En 1772, le Popandayang s'engloutit en une nuit dans les entrailles de la terre. Le Mont Guntur, ou le Tonnerre, ne cessa de mugir de 1000 à 1807. Pendant son éruption de 1743, il lança des cendres à plus de 2000 mètres au-dessus de son cratère. Le Gelungung, qui fit sa première éruption en 1823, est resté un des plus terribles.

C'est hors de l'immense ceinture de feu qui entoure l'Océan Pacifique, que se trouve le plus étonnant volcan du monde. Il est situé dans l'île d'Hawaï, une des Sandwich, qui est grande comme la Sicile, et qui est connue par la mort du célèbre navigateur anglais Cook. On le nomme le Mauna-Loa ; il a deux cratères en activité. Le plus remarquable des deux, appelé le Kilauea, est d'une forme elliptique; il a six kilomètres de long, quatre de large et 500 mètres de profondeur. La superficie du fond peut avoir 6500 mètres carrés; il y aurait de la place pour une ville de 100,000 habitants. Le fond de cet abîme est occupé par un lac de lave brûlante, qui monte et descend, comme de l'eau bouillante dans une chaudière. Le Kilauea s'ouvre sur les flancs de la montagne, à une élévation de plus de 1200 mètres. En 1840, le Kilauea vomit une quantité de lave 50 fois plus considérable que celle de toute la terre déplacée pour le percement de l'isthme de

Suez. Pendant l'éruption de 1855, le torrent de lave, sorti de cet immense cratère, forma un fleuve de feu, qui avait 1800 mètres de large, 9500 mètres de long et 200 mètres de profondeur.

Les volcans de l'Europe, qui ont un grand intérêt pour nous, sont moins importants en nombre, en dimension et en intensité. L'éruption la plus considérable du Vésuve est celle de 79, où périt Pline l'Ancien, victime de son amour pour la science ; la moitié du cratère s'écroula et ensevelit sous la cendre les villes d'Herculanum, de Pompéï et de Stabies, situées à six et sept kilomètres du volcan. Depuis, on a compté une quarantaine d'éruptions. Une des plus remarquables eut lieu en 1822 et dura douze jours. Les détonations furent si fortes que, par le seul effet de la vibration de l'air, les plafonds du palais Portici se crevassèrent, et l'atmosphère se couvrit d'un nuage si épais que, pendant plusieurs heures, toute la contrée voisine fut plongée, en plein jour, dans l'obscurité la plus profonde. Pendant la grande éruption de 1850, la lave, mêlée d'énormes blocs de granit, forma un vaste plateau dont les bords sont élevés de cinq mètres au-dessus du niveau de la plaine où le torrent s'arrêta. Une terrible éruption a eu lieu le 26 et le 29 avril 1872 ; et, symptôme alarmant pour l'avenir, un nouveau cratère s'est ouvert sur le flanc de la montagne, près de l'Observatoire. D'autres cratères peuvent s'ouvrir et menacer Naples d'un danger plus imminent.

L'*Etna* se distingue par sa hauteur, qui est de 3300 mètres, et par une centaine de petits cônes épars sur le flanc. En 1669, l'éruption du cratère principal couvrit de lave un espace de six lieues de long et de deux et demie de large, sur une hauteur moyenne d'au moins trente mètres, et détruisit une grande partie de la malheureuse ville de Catane. La dernière éruption a eu lieu en 1865 ; le grand cône s'est fendu en une large crevasse, par où se sont écoulés de vastes torrents de lave.

Les îles volcaniques de Lipari sont situées sur la même ligne que le Vésuve et l'Etna, comme si la même déchirure de la croûte terrestre les avait formées. Le *Stromboli*, le principal de leurs volcans, qui depuis 2000 ans n'a point fait d'éruption, est toujours enveloppé d'une fumée imprégnée d'acide sulfureux. La lave ne cesse jamais de bouillonner ; elle s'élève à huit ou dix mètres au-dessus du cratère ; alors elle se couvre de grosses bulles, qui bientôt éclatent avec fracas, vomissent une énorme quantité de gaz et lancent de tous les côtés des matières diverses.

Ce ne sont pas seulement les îles et les continents qui sont le théâtre d'éruptions volcaniques. Le fond des mers a des volcans semblables à ceux de la terre. Entre la Guinée et le Brésil, les eaux de l'Océan Atlantique sont souvent agitées par de violentes secousses. Une foule d'îles doivent leur origine à des soulèvements sous-marins. L'histoire a conservé le souvenir de l'émersion de quelques-unes. En 1506, une petite île surgit près de l'île de Fatsisio, au sud de la capitale du Japon. En 1796, on vit s'élever dans les îles Aléoutiennes une petite île surmontée d'un cône. Son apparition s'annonça par une immense colonne de fumée et par un bruit effrayant, puis par des gerbes de feu et de pierres, qui jaillissaient de la mer. En 1719, une petite île sortit dans les Açores; mais elle disparut en 1723, laissant une profondeur de 130 mètres. En 1831, une autre île émergea au sud de Selinonte, entre la Sicile et Malte, et un Anglais s'empressa de lui donner le nom de Graham et d'en prendre possession au nom du roi de la Grande-Bretagne. Au bout de quelques mois, l'île s'enfonça. La Méditerranée nous a offert, en 1866, un bel exemple d'éruption sous-marine, près de l'île de Santorin, une des Cyclades, qui sont presque toutes d'origine volcanique. On a vu se former un îlot qui s'est joint à la petite île de Nea Kaiméni, et qui en a doublé l'étendue. C'est probablement à une éruption semblable qu'est due l'émersion d'un rocher solitaire de granit, nommé la *Femme de Loth*, qui s'élève à 100 mètres au-dessus des eaux de l'Océan Pacifique, à 30° de latitude Nord et à 150° de longitude, et qui est une des merveilles de la Polynésie.

On a vu des volcans surgir au milieu d'un lac. Ainsi, le volcan de Momotombo est sorti du lac Nicaragua, et le mont Taal a émergé du lac Bongbong, dans l'île de Luçon.

Il y a quelques volcans qui sont en activité perpétuelle, comme le Stromboli. La plupart ont des éruptions irrégulières, comme l'Hécla, le Vésuve et l'Etna. Si le conduit qui fait communiquer la surface de la terre avec l'intérieur vient à s'obstruer, le volcan s'éteint; s'il rompt l'obstacle, le volcan a de nouvelles éruptions. Quelquefois le feu se fraye un autre passage, et le volcan se couvre de cônes nouveaux.

Un grand nombre de volcans se sont éteints. Tels sont les volcans de l'Auvergne, du Velay et du Vivarais; on en compte plus de cent. Ce sont des monticules coniques tronqués, les uns isolés, les autres rangés en ligne droite, comme les *puys* de Clermont-Ferrand. Quelques cônes, creusés comme des coupes, renferment des lacs d'une admirable limpidité. De certains cratères éteints se dégagent encore des fumerolles gazeuses, qui déposent du soufre, de l'alun, du borax, comme les solfatares de Pouzzoles, sur le golfe de Naples, et celles de Sicile, qui donnent 300,000 tonnes de soufre par an. Quelques cratères ne laissent échapper que de l'acide carbonique, qui dessèche les plantes et asphyxie les hommes et les animaux. De ce nombre est le lac Averne, qui occupe le cratère d'un ancien volcan et dans lequel les oiseaux tombent comme foudroyés. Telle est aussi la petite Grotte du Chien, à Pouzzoles, près de Naples, où des curieux ont la cruauté de traîner des chiens pour jouir du plaisir de les voir s'évanouir et expirer. Un chien y meurt au bout de trois minutes.

QUESTIONNAIRE.

Donnez la définition et l'étymologie du mot *volcan* et du mot *cratère*.
Tous les volcans ont-ils la même origine? — Quelles preuves?
Quels sont les différents produits des volcans?
Citez une éruption célèbre en 1815 et en 1783.
Nommez les principaux volcans d'Europe, d'Afrique, d'Asie, d'Amérique et des îles.

Quelle est la distribution des volcans sur le globe ? — Quel en est le nombre ?
Nommez une région remarquable par ses volcans, et décrivez-en quelques-uns.
Où est le Chimborazo ? — Décrivez une éruption du Cotopaxi, du Coseguina.
Nommez les volcans du Mexique. — Quelle est l'origine du Jorullo ?
Indiquez les principaux volcans de Java et les dimensions de quelques cratères.
Quel est le plus grand volcan du monde ? — Quelles ont été ses dernières éruptions ?
Citez les principales éruptions du Vésuve. — Quel est le symptôme alarmant de la dernière ?
Quels sont les traits distinctifs de l'Etna ? — Décrivez le Stromboli.
Y a-t-il des volcans dans la mer ? — Dans les lacs ? — Indiquez quelques îles volcaniques.
Où est la *femme de Loth* ? — Quelle est son origine ?
Nommez des volcans en activité perpétuelle, des volcans à éruptions irrégulières.
Nommez une région dont les volcans sont éteints.
Définissez les mots de *fumérole*s et de *solfatares*. — Qu'en sort-il ?
Quel est le phénomène du lac Averne ? — De la grotte du chien ?

---

§ 6. Tremblements de terre. — Causes. — Tremblements fameux.

Il existe, dit-on, une étroite coïncidence entre les éruptions volcaniques et les tremblements de terre ; les deux phénomènes sont produits par la même cause, la réaction du noyau liquide contre la croûte extérieure. Ceux qui admettent cette coïncidence considèrent les volcans comme un préservatif contre la violence des tremblements de terre ; ce seraient des soupiraux naturels préparés par la Providence pour prévenir les ravages des oscillations du globe et les bouleversements du sol. Cette coïncidence est loin d'être générale. Si les contrées volcaniques ont été dévastées par de violents tremblements de terre, il y en a eu aussi de terribles en Portugal, en Calabre, en France, en Angleterre, en Suisse, sur le plateau de Caracas, dans le Vénézuéla, et dans une foule d'autres lieux fort éloignés de tout volcan. On en conclut que tous les tremblements de terre ne sont pas produits par l'agitation du feu intérieur. Il y en a qui sont dus à l'effondrement des roches et des cavernes souterraines, minées par l'infiltration des eaux de la pluie et de la mer. D'autres sont attribués à l'attraction du soleil et de la lune. Quand la mer, soulevée par la lune et le soleil, oscille avec le plus de force, la terre tremble le plus souvent, surtout aux heures où les deux astres passent ensemble au méridien. On a remarqué qu'il y a plus de tremblements de terre quand nous voyons les taches du soleil, et pendant la nouvelle et la pleine lune que pendant le premier et le dernier quartier. On a remarqué aussi que les tremblements de terre sont plus fréquents la nuit que le jour, et l'hiver que l'été. Ainsi, sur 502 tremblements de terre observés en Suisse, il y en a eu 182 pendant le jour et 320 pendant la nuit; c'est presque le double; et sur 98 tremblements de terre arrivés dans le Valais, 26 ont eu lieu en été, et 72 en hiver; c'est presque le triple.

Si l'on est encore réduit à faire des hypothèses sur les causes des tremblements de terre, on ne connaît que trop les terribles désastres qu'ils occasionnent. Les secousses sont horizontales, verticales ou circulaires : la terre s'agite de gauche à droite et de droite à gauche, ou elle s'élève et s'abaisse tour à tour, ou elle tourne sur elle-même. Dans certains cas, ces divers mouvements se font sentir à la fois, et c'est alors que la destruction est effrayante. Quoique le premier choc ne dure qu'une ou deux minutes, il sème partout la ruine, la désolation et la mort. L'histoire a conservé le souvenir d'un grand nombre de catastrophes causées par les tremblements de terre. L'un des plus affreux est celui de 1755 : en deux minutes, il détruisit la ville de Lisbonne et coûta la vie à plus de 60,000 personnes. Il s'étendit sur une surface de pays quatre fois plus grande que l'Europe; on le sentit en Angleterre, en Laponie, en Bohême, en Amérique et en Afrique, où il renversa les villes de Fez, de Maroc et de Méquinez.

L'Italie méridionale a été le théâtre de plusieurs tremblements de terre désastreux. Le plus destructeur fut celui de 1783. Le premier choc, qui ne dura que deux minutes, renversa plus de cent villes et villages, et ensevelit sous leurs ruines plus de 30,000 personnes. Des secousses fréquentes se firent sentir pendant quatre ans. La surface du sol ondulait en vagues mouvantes comme la surface d'une mer agitée. Des collines se fendirent; des crevasses de 150 mètres de largeur s'ouvrirent; les unes restèrent béantes, les autres se refermèrent, engloutissant arbres, maisons, bestiaux, habitants. Plusieurs de ces gouffres se convertirent en marais, en étangs, en lacs, remplis par les eaux souterraines. La petite ville de Polistina, entraînée avec le sol qui la portait, alla s'abîmer dans un ravin éloigné d'un kilomètre. Les villes d'Oppido et de Sainte-Euphemia furent détruites de fond en comble. Cet effroyable tremblement de terre, qui coûta la vie à plus de 100,000 personnes et qui bouleversa la malheureuse Calabre, s'étendit jusqu'à Messine, qui fut à moitié détruite et dont les environs furent couverts de ruines.

L'Amérique méridionale est une des régions qui ont le plus souffert des tremblements de terre. Ils ont renversé Lima en 1746 ; Riobamba, sur le plateau de Quito, en 1797 ; Caracas, en 1812 ; la Conception, dans le Chili, en 1835 ; Mendoza, dans la République Argentine, en 1861 ; Aréquipa, Tacna, Iquique, et plusieurs autres villes situées sur les côtes de l'Océan Pacifique, en 1868. Pendant cette dernière catastrophe, le mont Cotocachi, situé sur le plateau de Quito, s'est affaissé, et les torrents d'eau vomis par ses flancs ont inondé la ville voisine du même nom, qui n'est plus aujourd'hui qu'un vaste lac.

La France a été moins maltraitée par les tremblements de terre. Cependant l'histoire a gardé le souvenir de la ruine de Vienne en 468, et celui de la ruine de Soissons, qui eut lieu en 1466.

QUESTIONNAIRE.

Y a-t-il une coïncidence entre les éruptions volcaniques et les tremblements de terre ?

Indiquez les causes des tremblements de terre.

Quelle influence les taches du soleil et les phases de la lune ont-elles sur les tremblements de terre ?

Dans quelle partie du jour et dans quelle saison sont-ils le plus fréquents ?

Décrivez les effets de quelques tremblements de terre fameux.

§ 7. Métaux.

Outre l'influence physique que les montagnes exercent sur le climat, l'homme leur doit encore les minéraux les plus précieux et les plus utiles. En Europe, les montagnes de l'Angleterre, de la Scandinavie, celles de l'Espagne, l'Oural, les Carpathes ; en Amérique, les monts Alléghanys, la Sierra-Nevada, les Sierras du Mexique, la Cordillère des Andes et les montagnes du Brésil sont les plus abondants en richesses minérales.

La France, si favorisée par le climat et si riche en productions agricoles, est pauvre en minéraux : elle n'exploite guère avec profit que le fer, le plomb et la houille ; encore ne suffisent-ils pas à sa consommation. Ainsi, elle consomme annuellement plus de 21 millions de tonnes de houille, et elle n'en produit que 12 millions.

L'*or*, le plus précieux des métaux, se trouve souvent mêlé au sable de certains fleuves. Le Pactole doit sa célébrité et l'Ariége doit son nom aux paillettes d'or que leurs eaux enlevaient aux montagnes. En Afrique, la poudre d'or est un objet de commerce. Aujourd'hui, les plus riches mines d'or sont celles de la Sibérie, du Brésil, de la Californie, de la Colombie anglaise et de l'Australie. Celles du Mexique et du Pérou, autrefois si célèbres, sont peu exploitées. L'Europe est pauvre en or ; les mines de Kremnitz et de Schemnitz, en Hongrie, ne donnent guère plus de 5,000 marcs. En revanche, ce sont les plus riches mines d'*argent* de l'Europe ; puis viennent celles de Kongsberg, en Norvége. L'Amérique fournit les neuf dixièmes de l'argent qu'on extrait annuellement ; ses mines les plus abondantes sont celles de Guanaxuato dans le Mexique et celles de Huantaya dans le Pérou.

Le *platine*, de l'espagnol *platina*, petit argent, ainsi nommé à cause de sa couleur, est beaucoup plus rare que l'or et que l'argent. On ne le trouve guère que dans l'Oural, en Colombie, au Brésil et dans la grande île de Bornéo.

Le *fer*, le plus utile des métaux, en est aussi le plus commun ; il y en a presque partout. La Scandinavie possède les mines de fer les plus fameuses du monde pour la qualité, sinon pour la quantité, de leurs produits. C'est le fer de la Scandinavie qui fait le meilleur acier. Les mines les plus abondantes sont celles de l'Angleterre, qui fournissent plus de fer que toutes les autres contrées réunies. Puis viennent la France, la Belgique, l'Allemagne, l'Autriche et l'Espagne. Le fer abonde aussi dans les États-Unis et dans presque toute l'Amérique méridionale.

Les mines du Cornwall, en Angleterre, produisent plus de *cuivre* que tout le reste de l'Europe, bien qu'il y ait de riches mines en Autriche, en Russie, en Espagne et en Scandinavie. Il nous vient aussi du cuivre du Canada, du Mexique, du Chili, de la Chine et du Japon. Le Chili donne plus de cuivre que tous les autres pays du monde.

Le *zinc*, qu'on mêle au cuivre pour faire l'airain, abonde en Angleterre et dans les montagnes des bords du Rhin et de la Meuse.

L'Angleterre et l'Espagne sont les pays les plus riches en *plomb ;* puis viennent l'Autriche, qui possède les mines bien connues de Bleiberg, l'Allemagne, la Russie, la France, le Canada et les États-Unis.

L'*étain* est un métal assez rare. C'est encore l'Angleterre qui en fournit le plus. Hors de l'Europe, les mines les plus abondantes sont celles de l'île de Banca, près de Sumatra, celles de la presqu'île de Malacca, qui donnent l'étain le plus pur, celles des États-Unis, du Mexique et du Chili.

L'Europe produit la plus grande partie du *mercure* qu'on extrait du sein de la terre. Les mines les plus riches sont celles d'Almaden en Espagne, celles d'Idria en Autriche, et celles de Deux-Ponts dans la Bavière rhénane. Il nous vient aussi du mercure des États-Unis, de la Californie, de la Colombie et du Pérou. Les mines de mercure de New Almaden, en Californie, commencent à rivaliser avec celles de l'Europe.

Les mines de *sel gemme* sont peut-être les plus profondes excavations du monde. Les plus curieuses sont celles de

Wielitzka, près de Cracovie, qu'on exploite depuis près de 600 ans. Au fond de ces mines est une chapelle dédiée à saint Antoine. Les murs, le plafond, le plancher, les colonnes ornées de chapiteaux, les autels, les tableaux, le sanctuaire, tout est sculpté dans le sel. Dans quelques contrées, il existe des montagnes de sel : il y en a une à Cardona en Catalogne, une autre en Moldavie, une autre dans la Virginie occidentale; une suite de collines de sel s'étendent, à travers l'Indus de l'Indoustan en Afghanistan.

Parmi les combustibles minéraux, la *houille*, l'âme de l'industrie, abonde surtout en Angleterre, qui produit annuellement plus de 100 millions de tonnes de charbon, et aux États-Unis, dont le terrain houiller a, dit-on, soixante fois plus d'étendue que celui de l'Angleterre. Ce sont aussi les États-Unis qui possèdent le plus de *pétrole*, huile minérale, qui fournit beaucoup de lumière à très-bas prix; les puits de la Pennsylvanie donnent deux millions de litres par jour; il y a de quoi alimenter les lampes de la moitié de l'Europe.

Le *soufre*, un des combustibles minéraux les plus précieux, nous vient surtout de la Sicile, qui en produit 300,000 tonnes par an.

On range aussi le *diamant* parmi les minéraux combustibles, puisque c'est du charbon pur cristallisé, inflammable à une très-haute température. La province de Diamante, dans le Brésil, possède aujourd'hui les plus riches mines de diamants. Celles de Golconde, dans l'Indoustan, autrefois si célèbres, sont depuis longtemps presque épuisées.

QUESTIONNAIRE.

Nommez des montagnes d'Europe et d'Amérique riches en métaux.

Quels sont les principaux minéraux de la France ? — Combien de houille produit-elle ?

Nommez des rivières qui roulent des paillettes d'or.

Où sont les plus riches mines d'or ? d'argent ? — Nommez celles de l'Europe.

Où se trouve le platine ? — le fer ? — le cuivre ? — le zinc ? — le mercure ?

Où sont les plus riches mines de fer ? — de cuivre ? — de plomb ? — d'étain ? — de mercure ?

Quelle est la plus profonde mine de sel gemme ?

Combien de tonnes produisent les mines de houille de l'Angleterre ?

Quelle contrée a des mines de houille encore plus abondantes ?

De quelle contrée tire-t-on le plus de pétrole ? — Le plus de soufre ?

Qu'est-ce que le *diamant* ? — Où en sont les mines les plus riches ?

§ 8. Plateaux. — Influence. — Principaux plateaux plateaux du globe.

Aux montagnes sont intimement liés les *plateaux*, qui ont une importance géographique peut-être encore plus grande. Un plateau est une plaine plus ou moins élevée audessus du niveau de la mer. Il y a des plateaux de 3000 à 4000 mètres, tandis que d'autres n'ont que 300 mètres. La surface d'un plateau n'est pas toujours régulièrement unie; elle est quelquefois coupée par de profondes vallées et parsemée de collines et de montagnes.

Les plateaux contribuent beaucoup à modifier le climat d'un pays, à changer les conditions d'existence et la distribution des plantes et des animaux. Dans la zone torride, ils donnent le climat et les productions des zones tempérées; et dans les zones tempérées, ils offrent les caractères des zones polaires. C'est à la hauteur de leurs plateaux que bien des pays, comme l'Espagne et l'Asie-Mineure, doivent toutes les variétés des climats tempérés, et des productions différentes de celles des plaines voisines de la mer.

Voici la liste des principaux plateaux, avec leur élévation moyenne en mètres.

ASIE.	
Tibet	3000 à 4700
Deccan	700 à 1300
Mongolie	700 à 2600
Perse et Afghanistan	700 à 2000
Bélouchistan	2000 à 3000
Arménie	2000 à 3000
Arabie centrale	700 à 3000

EUROPE.	
Castille	700 à 1000
Bavière	500
Auvergne	330

AFRIQUE.	
Sahara	700 à 1000
Abyssinie	2000 à 3000
Afrique méridionale	1000 à 2000
Afrique centrale	1000 à 2000

AMÉRIQUE.	
Utah	2000 à 3000
Mexico	2000 à 3500
Guatemala	1100
Quito	2900
Bolivie	3900

L'Asie est, par excellence, la région des terres élevées.

Les montagnes occupent les cinq septièmes de sa surface ; deux septièmes seulement sont en plaines. Aucune partie du monde n'offre des plateaux plus nombreux, plus étendus, plus élevés. Les principaux sont le plateau de l'Arabie centrale, ceux de l'Arménie et de la Perse, celui de l'aride Belouchistan, le plateau montagneux de l'Afghanistan, ceux du Tibet et de la Mongolie, et le plateau de Deccan qui jouit d'un climat délicieux et produit une végétation abondante et variée.

Le Tibet, le pays habité le plus haut de l'Asie, comprend un plateau parsemé de lacs et situé entre les monts Karakorum et les monts Kuen-lun, et les deux grandes et hautes vallées de l'Indus et du Brahmapoutre, entre le Karakorum et l'Himalaya. La ville de Hlassa, résidence du Grand Lama, et celle de Leh ou Ladack, sur l'Indus, sont à 3000 mètres au-dessus du niveau de la mer. Dans le Tibet, on cultive le froment à 3660 mètres d'altitude, et l'orge à 4500 mètres ; c'est presque la hauteur du Mont-Blanc. Le Tibet est célèbre par ses chèvres à laine et par ses beaux châles de cachemire. La riche vallée de Cachemire, qui leur donne son nom, est une profonde dépression du sol, de forme ovale, située sur le versant méridional de l'Himalaya et arrosée par le Jelum, une des cinq rivières du Penjaub. La ville de Sirinagur, capitale de la vallée, n'a qu'une altitude de 1600 mètres.

Le plateau de la Mongolie, beaucoup plus grand que le Tibet, contient çà et là des pâturages, qui nourrissent de nombreux troupeaux, et il se termine à l'Est par le désert de Gobi ou de Shamo, qui paraît être le fond d'une mer desséchée, et qui est sablonneux, aride et froid.

Le plateau le plus élevé de l'Afrique est celui de l'Abyssinie, qui est formé d'une suite de terrasses disposées les unes au-dessus des autres, en partant de la mer Rouge. Il a 3000 mètres d'altitude dans le royaume de Shoa, 2600 mètres au nord de Gondar, et 2300 mètres dans la région du lac Dembéah. L'Afrique centrale, qu'on a comparée à une assiette renversée, forme un immense plateau qui, grâce à son altitude, jouit, sous l'équateur, d'un climat presque tempéré et qui renferme de hautes montagnes, de vastes lacs, de grands fleuves, des plaines fertiles et une nombreuse population de Nègres encore sauvages. L'Afrique méridionale se termine par un plateau composé, comme l'Abyssinie, de terrasses qui vont en s'élevant, depuis le cap de Bonne-Espérance jusqu'au fleuve Orange, de 300 à 750 mètres au-dessus du niveau de l'Océan. Au nord de l'Afrique, le Sahara offre plusieurs plateaux qui doivent à leur altitude leur arrosement et leur fertilité.

L'Europe, la plus petite et la mieux découpée des parties de l'ancien continent, a des plateaux peu étendus et peu élevés. Cependant leur faible élévation suffit pour exercer une grande influence sur le climat et sur les productions des pays. Il y a une différence notable entre les terres élevées, qui sont plus froides, et les plaines, qui sont plus chaudes et plus fertiles.

L'Amérique est la région des plaines, comme l'Asie est la région des plateaux et des montagnes. Elle offre cependant quelques plateaux, plus remarquables par leur élévation que par leur étendue. Le principal plateau de l'Amérique septentrionale est celui d'Utah, supporté par les montagnes Rocheuses et par la Sierra Nevada, qui lui enlèvent toute l'humidité des vents des deux Océans. Aussi, c'est un désert aride, couvert d'argile, de sel cristallisé, et, çà et là, de maigres broussailles. Plus heureux est le plateau du Mexique, qui doit à une élévation de 2000 à 3000 mètres un climat tempéré, inconnu dans les plaines de la zone torride. C'est là que se concentre la population et qu'on a bâti Mexico, Puebla, Guadalaxara et les autres grandes villes.

Dans l'Amérique méridionale, les Andes supportent plusieurs plateaux qui rivalisent presque de hauteur avec ceux de l'Asie. Les plus grands sont ceux de Pasco, de Quito et de la Bolivie. C'est là que se trouvent les villes les plus élevées du globe. Sucre, autrefois Chuquisaca, capitale de la Bolivie, est à 2800 mètres au-dessus du niveau de la mer; La

Paz et Cuzco sont à 3500 mètres; Potosi et Pasco, à plus de 4000 mètres ; les maisons de poste d'Apo et d'Ancomarca, dans le Pérou, sont à plus de 4300 mètres. A la hauteur de 2500 mètres, on a un quart d'atmosphère de moins que dans la plaine, et cette rareté de l'air incommode beaucoup les étrangers, qui ont de la peine à respirer et qui sont comme hors d'haleine. Les habitants du pays s'y habituent; mais quelques animaux ne peuvent pas y vivre. Les chiens et les chats qu'on porte à Pasco y meurent, au bout de quelques jours, dans d'affreuses convulsions.

QUESTIONNAIRE.

Définissez le mot *plateau* et indiquez l'élévation moyenne des plateaux.
Mentionnez les principales influences des plateaux sur le climat et la végétation.
Nommez les principaux plateaux d'Europe, d'Asie, d'Afrique et d'Amérique.
Quelle partie du monde a les plateaux les plus nombreux et les plus élevés?
Décrivez le plateau du Tibet et la vallée de Cachemire.
Quel est le caractère du plateau de l'Abyssinie, de celui du Cap?
Nommez les villes les plus élevées du globe.
Quel est l'effet de la rareté de l'air sur l'homme dans ces villes?
Que deviennent les chats et les chiens à Pasco?

---

§ 9. Plaines, vallées et déserts. — Influence. — Plaines d'Europe. — Landes et steppes. — Plaines d'Asie. — Toundras de Sibérie. — Déserts. — Plaines d'Afrique. — Sahara. — Plaines d'Amérique. — Prairies, savanes, llanos, selvas, pampas. — Plaines basses.

Les montagnes et les plateaux occupent environ la moitié des régions continentales, et nous avons vu quelle est leur influence sur le climat et sur la vie animale et végétale. L'autre moitié se compose de plaines plus ou moins unies et de vallées plus ou moins profondes, qui ne contribuent pas moins à varier l'aspect d'un pays, son climat, ses productions et les conditions d'existence de ses habitants. Les plaines et les vallées sont les parties les plus importantes de la surface de la terre. C'est là que les populations se multiplient, que se bâtissent les grandes villes, que la civilisation fait ses progrès les plus remarquables. Les vallées surtout, qui sont ordinairement bien abritées et qui ont un climat tempéré, un sol abondamment arrosé et fertile, attirent les populations et sont les principaux centres de l'industrie, du commerce et de la civilisation. Les vallées, ouvertes par les fractures de la croûte terrestre, ou creusées et rongées par l'érosion des eaux, sont les grandes voies de communication entre les peuples et servent de lit aux cours d'eau, sources, torrents, rivières, fleuves, qui vont répandre la fertilité et l'abondance dans les différentes régions du globe.

Dans chaque pays, les plaines diffèrent par la forme de leur surface, par leur position, par la nature de leur sol, qui est alluvial, argileux, calcaire, sablonneux; par l'abondance ou par la rareté de leur arrosement, par la variété de leur végétation ou par leur stérilité. Les unes, formées de limons déposés par les eaux, comme les plaines de la Seine, de la Loire et de la Garonne, sont d'une fertilité inépuisable ; d'autres, couvertes de cailloux roulés par les torrents et les fleuves, comme celle de la Crau, dans le Delta du Rhône, ou de sables mouvants, comme les landes de la Gascogne, sont stériles ou ne nourrissent qu'une maigre végétation de bruyères ou d'herbes coriaces.

La plus grande plaine de l'ancien continent commence au pied des Pyrénées et se prolonge, à travers l'Europe et la Sibérie, jusqu'au détroit de Behring. Elle a une longueur égale à la moitié de la circonférence du globe et une superficie de 4,800,000 kilomètres carrés. Cette immense plaine offre naturellement une grande variété de sol, de climat et de productions.

Les Landes (du mot anglais *land*, terre, pris en mauvaise part), sont une plaine d'une élévation moyenne de 50 mètres, qui s'abaisse graduellement au nord, vers la Gironde ; au sud, vers l'Adour ; à l'ouest, vers les côtes marécageuses du golfe de Gascogne. Le sol est composé de sable et couvert de bruyères, de ronces et de genets. A un mètre de profondeur, au-dessous de ce sable, s'est formée une couche pierreuse, appelée *alios*, impénétrable aux eaux de la pluie. Ces eaux croupissantes se chargent des parties solubles de l'alios et des produits des végétaux décomposés, empoisonnent les puits et couvrent le pays d'étangs et de marais. C'est pour traverser ce sol marécageux, que les bergers des Landes ne gardent leurs troupeaux que perchés sur des échasses de trois à quatre pieds de hauteur.

Plusieurs contrées de l'Europe sont affligées de landes pareilles à celles de la Gascogne. Telle est la stérile plaine de la Sologne, dans l'Orléanais ; celle de la Campine, dans la province d'Anvers ; celle de Lunebourg, dans le Hanovre ; celle du Jutland, en Danemark ; les plaines des bords de la mer Baltique, les *moors* de l'Écosse, de l'Angleterre et de l'Irlande. Dans tous ces pays, le sol, sablonneux ou couvert de bruyères, est supporté par une couche impénétrable aux eaux de la pluie, qui ne trouvent point d'écoulement et forment des marécages.

La vaste plaine de l'Europe, qui n'est coupée que par les collines de Valdaï, d'environ 300 mètres d'élévation, renferme les grands lacs de la Russie, les fertiles campagnes de la Pologne et celles de la Russie, au sud-ouest, et se termine au sud-est par les steppes du Don, du Volga et de la mer Caspienne. Ces steppes, parsemées de lacs salés, quelquefois un peu boisées, se couvrent au printemps d'herbes grossières qui nourrissent de nombreux troupeaux, et se changent en déserts arides par la sécheresse de l'été, et en solitudes sombres par les neiges et les tempêtes de l'hiver.

Parmi les plaines moins étendues, mais plus fertiles de l'Europe, on peut citer celles de la France, de l'Angleterre, de l'Irlande, de l'Andalousie, de la Lombardie, de la Hongrie et celle de la Roumanie.

Au delà des monts Oural, les steppes de la Sibérie, appelées *toundras*, sont en été de vastes marécages, et elles n'offrent en hiver qu'un désert de neiges et de glaces, monotone, sombre, inhospitalier. La Sibérie, qui est d'un tiers plus grande que l'Europe, n'a qu'une population clair-semée, à peine égale à celle de la Belgique. Les habitants élèvent de nombreux troupeaux de rennes, qui leur servent de chevaux, qui traînent leurs traîneaux dans leurs longs et froids voyages et leur fournissent leur subsistance et des matériaux pour faire leurs tentes et leurs vêtements.

En revanche, l'Asie a plusieurs plaines situées dans un climat tempéré ou chaud, abondamment arrosées, habitées par une nombreuse population, et d'une fertilité incomparable. Les principales sont les plaines de la Chine orientale, de l'Indo-Chine et de l'Indoustan.

Un grand nombre de plaines de l'Afrique et de l'Asie, sans être froides comme les steppes de la Sibérie, ne sont que des déserts stériles.

Au centre de l'ancien continent, s'étend une vaste zone de plaines plus ou moins élevées, qui commencent sur les bords de l'Atlantique et qui se prolongent, presque sans interruption, jusqu'à l'extrémité de la Mongolie, sur une longueur de 14000 kilomètres. Cette immense plaine, qui semble avoir la même origine géologique, comprend, en Afrique, les déserts du Sahara, de la Nubie et de l'Égypte ; en Asie, ceux de l'Arabie, de la Syrie, de la Mésopotamie, celui de la Perse, couvert de couches salines, restes de lacs desséchés ; le Bélouchistan, le désert de l'Ajmeer, à l'est de l'Indus ; celui du Turkestan, entre les deux fleuves de l'Oxus et de l'Iaxarte, et le vaste désert de Gobi ou de Chamo, que les Orientaux appellent le désert par excellence, et qui paraît être le lit d'une ancienne mer desséchée. C'est peut-être la région la plus stérile du globe.

La végétation exige de la chaleur et de l'humidité. La Sibérie est rendue stérile par le froid, le Sahara et les déserts de l'Asie par la sécheresse. Le Sahara est un des pays les plus chauds du monde ; en été, pendant le jour, la chaleur de l'air est pareille à celle d'une fournaise. Quand le vent du nord pousse vers le désert les nuages humides de la Méditerranée, le mont Atlas leur enlève leur humidité, ou bien l'excessive chaleur qui monte du sol brûlant les dilate et les dissipe, et ils ne donnent presque jamais de pluie. Il ne pleut que sur les côtes de la mer et sur les plateaux élevés de l'intérieur. En Asie, les vents humides, arrêtés par les montagnes, s'élèvent et se refroidissent; leur humidité s'y condense et s'y dépose, et ils arrivent secs dans les plaines, où la pluie est rare comme dans le Sahara.

Le Sahara, qui s'étend des côtes de l'océan Atlantique à la vallée du Nil, et dont la superficie égale neuf ou dix fois celle de la France, est beaucoup plus accidenté qu'on ne le croit. Au centre s'élèvent les collines et les plateaux du Tidikelt, de l'Hoggar, du Fezzan, de l'Aïr ou de l'Asben, de 1,000 à 2,000 mètres d'altitude, qui offrent des montagnes escarpées, de fraîches vallées, des torrents, des rivières, une riche verdure et une nombreuse population, et que le docteur Barth appelle la *Suisse de l'Afrique.* Agadès, capitale de l'Asben, a 7,000 ou 8,000 habitants. La ville de Ghât ou Rât est un des grands marchés de l'Afrique; il s'y tient une foire célèbre, qui est le rendez-vous de toutes les caravanes.

Les plateaux divisent le Sahara en deux grands déserts principaux : à l'ouest, celui du Sahel, et à l'est, celui de la Libye. Ces deux déserts ne sont que de vastes plaines tristes et monotones, couvertes de roches nues, de cailloux et de sables mouvants, que le vent élève en dunes semblables aux vagues d'une mer pétrifiée. La chaleur y est si excessive, que le terrible simoun dessèche quelquefois l'eau que les caravanes portent, pour leur usage, dans des outres en cuir.

Comme l'air y est très-rare, la chaleur reçue pendant le jour se perd vite par le rayonnement nocturne, et les nuits y sont très-froides. Aussi, les habitants n'ont garde d'oublier leurs burnous de laine.

En certains endroits, le sol s'abaisse au-dessous de la plaine et forme de nombreuses *oasis*, qu'arrose l'eau des montagnes amenée là sur des couches souterraines de craie et d'argile, que se couvre une riche végétation d'herbes et de plantes, ombragée par des dattiers, des figuiers, des oliviers et des abricotiers. On dirait des îles de verdure semées dans une mer de sable. Ptolémée comparait le Sahara à la peau d'une panthère : le fond jaune figure les sables jaunes du désert, et les taches noires représentent les oasis, dont les palmiers ont un feuillage vert foncé. Cet immense désert est probablement le lit d'une mer desséchée par l'évaporation ou par l'exhaussement du sol, dont les nombreux lacs salés du nord seraient les restes. Le sable et les coquillages ressemblent à ceux de la Méditerranée, et le sel gemme y est si abondant, qu'on l'emploie à bâtir des maisons.

Le désert, interrompu par la vallée du Nil, recommence en Arabie. L'Arabie est, comme le Sahara, divisée en deux régions arides par des plateaux de 1,000 mètres d'altitude, que forme une double rangée de collines et de montagnes, et dont les vallées, arrosées par un fleuve plus grand que le Rhin, sont fertiles et couvertes d'une abondante végétation. La vallée de Jouf, la plus septentrionale, a une population de 40,000 habitants, dispersés dans une douzaine de villages. Dans la vallée de Shomel est la ville de Hayel, qui a 20,000 habitants. Riad, capitale du royaume des Wahabites, dans le Nedjed, en a plus de 30,000. Le Nedjed est une région de 160 kilomètres de long sur 96 kilomètres de large, qui est couverte de villes, de villages, de jardins, de bois et de champs cultivés.

Ces plateaux fertiles sont bornés, au nord et au sud, par deux déserts pierreux ou sablonneux, inondés de soleil, qui déroulent au loin leurs solitudes monotones et désespérées, images de la stérilité et de la désolation.

Le Simoun est encore plus redouté en Arabie que dans le Sahara. Quand on voit le ciel s'obscurcir et qu'un vent brûlant commence à souffler au milieu des ténèbres, hommes et chameaux se couchent la face contre terre pour laisser passer le tourbillon de poussière et de feu, qui ensevelit quelquefois des caravanes entières.

Les plaines de l'Amérique, qui comprennent les deux tiers de sa superficie, sont bien plus vastes que celles de l'ancien continent. La grande plaine de l'Amérique septentrionale s'étend depuis le golfe du Mexique jusqu'aux rivages de l'océan polaire. Elle offre beaucoup de variété dans sa surface, son climat, sa végétation. Au nord, les glaces, les neiges et les marécages rappellent les toundras de la Sibérie ; puis viennent d'épaisses forêts de pins et d'autres arbres des pays froids. Plus au sud, entre les monts Alléghanys et les montagnes Rocheuses, la plaine, arrosée par les vents humides du golfe du Mexique, par le Mississipi et ses nombreux affluents, se couvre d'herbes abondantes et hautes, qui lui ont fait donner le nom français de *prairie*. En automne, quand cette herbe est sèche, on y met le feu, et la campagne ressemble à une mer en flammes. Ces incendies, qui expliquent l'absence d'arbres dans les prairies, laissent la terre noire et nue, mais plus riche. Les prairies diminuent rapidement chaque année ; on les défriche, et l'on y fait d'excellentes récoltes.

Entre les monts Alléghanys et l'océan Atlantique, est une plaine moins grande, froide au Nord, fertile au centre, mais basse, marécageuse et malsaine, à mesure qu'on s'avance vers le golfe du Mexique.

Les plaines occupent les quatre cinquièmes de l'Amérique méridionale. Elles comprennent les *Llanos* sans arbres de l'Orénoque, les *Selvas* ou forêts de l'Amazone et les *Pampas* de la Plata, trois régions différentes de position, de sol, de climat et de végétation.

Les *Llanos*, qui s'étendent de Caracas à l'Orénoque sur une superficie de 400,000 kilomètres carrés, sont ainsi nommées d'un mot espagnol qui veut dire *plaine sans arbres*. Pendant la saison des pluies tropicales, elles sont inondées et ressemblent à une mer intérieure. Quand l'eau se retire, la plaine se couvre d'une herbe épaisse de dix à quinze pieds de hauteur, émaillée de fleurs brillantes, et nourrit, comme les prairies, de nombreux troupeaux d'animaux sauvages. Dès que la sécheresse arrive, les herbes brûlées par les ardents rayons du soleil, sont réduites en poussière par le vent, qui soulève en tourbillons cette terre poudreuse. Le sol argileux se contracte et se fend en larges crevasses béantes. Les troupeaux vont chercher sur les montagnes d'autres pâturages. Les alligators et les autres reptiles s'enfoncent dans la vase pour y attendre le retour des pluies. Alors ils reparaissent comme des monstres hideux sortis des entrailles de la terre. La vie sommeille chez ces reptiles pendant la saison sèche, comme chez les marmottes des Alpes, qui restent endormies sans prendre aucune nourriture pendant les six mois d'hiver.

Les *Selvas* de l'Amazone s'étendent de la Cordillère des Andes aux rivages de l'océan Atlantique. Inondée périodiquement par les pluies tropicales et par les débordements du fleuve et de ses nombreux affluents, qui la couvrent chaque année d'une riche terre alluviale, et chauffée par les rayons d'un soleil vertical, cette immense plaine produit la plus exubérante végétation du monde. Les forêts sont si vastes et si épaisses, que les singes peuvent voyager sur la cime des arbres pendant des centaines de kilomètres sans mettre pied à terre. La fertilité du bassin de l'Amazone est telle que, s'il était cultivé, il pourrait nourrir la population actuelle du globe.

Les Selvas sont séparées des *Pampas* par une plaine sablonneuse et imprégnée de sel, qu'on appelle le grand désert de Charo, et qui s'étend, entre les Andes et le Paraguay, depuis les sources de la Madiera jusqu'à la rivière de Salado. C'est au sud de cet affreux désert que commencent les Pampas, qui ne sont couvertes que d'herbes grossières, de chardons impénétrables de huit à dix pieds de hauteur, de marais hérissés de joncs et de roseaux. Comme les llanos, les plaines de la République Argentine sont peuplées d'innombrables troupeaux de chevaux, de bœufs et d'autres animaux sauvages, qui paissent en liberté dans ces magnifiques pâturages. Quand on veut les prendre, les *Gauchos* ou chasseurs leur lancent le nœud coulant du *lasso* avec tant d'adresse qu'ils manquent rarement de saisir le pied d'une autruche ou d'un cheval, qui fuit au galop. Les pampas vont se terminer dans la Patagonie, qui n'offre qu'un sol sablonneux ou rocailleux, à peine capable de nourrir sa rare population.

Entre le Andes et l'océan Pacifique, la côte forme une plaine étroite et privée de pluie. Les vents de l'océan Atlantique, qui sont dominants dans l'Amérique méridionale au nord du 30° latitude sud, déposent toute leur humidité sur les Andes et arrivent secs sur la côte occidentale, qui est sablonneuse dans le Pérou et qui forme, dans la Bolivie, l'aride désert d'Atacama. A partir du 40° de latitude, la côte méridionale du Chili, où dominent les vents d'ouest, est arrosée par la pluie et produit une abondante végétation.

Dans l'ancien continent, il y a quelques parties plus basses que le niveau de la mer. Les plus remarquables sont, en Afrique, les lacs de Natron ou des eaux amères, situés dans l'isthme de Suez ; en Asie, la mer Caspienne et la région voisine, le lac de Tibériade et la mer Morte.

QUESTIONNAIRE.

Quel est le rapport des terres élevées et des plaines sur le globe?
Indiquez l'influence des plaines et des vallées sur le climat et sur la population.
Quelle est l'origine des vallées?
Quels sont les différents caractères des plaines?
Décrivez la plus grande plaine de l'ancien continent.
Quelle est l'origine des *landes* de Gascogne? — Définissez le mot *alios*.
Nommez les autres landes de l'Europe.
Décrivez les *steppes* et les *toundras* de la Sibérie.
Quelles sont les plus riches plaines de l'Asie?
Décrivez la grande région stérile de l'Asie et de l'Afrique.
Pourquoi ne pleut-il jamais dans cette immense plaine?
Décrivez le Sahara. — Où est la Suisse de l'Afrique? — Nommez les villes.
Quelle est la différence de température entre le jour et la nuit dans le Sahara?
Que produisent les oasis du Sahara? — Quelle est l'origine du Sahara?
Décrivez l'Arabie, ses plateaux et ses déserts. Le simoun.
Quel est le rapport des terres élevées et des plaines en Amérique?
Décrivez la plaine septentrionale, les prairies ou savanes, les llanos, les selvas et les pampas.
Pourquoi ne pleut-il pas sur la côte occidentale du Pérou et de la Bolivie?
Pourquoi pleut-il sur le Chili méridional?
Nommez les plaines basses qui sont au-dessous du niveau de la mer.

---

§ 10. — Iles. — Surface. — Origine. — Iles volcaniques. — Iles de Corail. — Atolls. — Barrières de Corail.

Les îles dont est parsemée la vaste surface des mers n'offrent pas moins de variété de forme, d'étendue, d'élévation, de climat, que les continents. Les unes, à fleur d'eau, ne sont que des écueils, des récifs inhabitables. D'autres s'élèvent à des hauteurs plus ou moins considérables; Bornéo, la Nouvelle Guinée, Madagascar, ont une superficie plus grande que celle de la France; Java, près de quatre fois plus petite que la France, nourrit une population de 13,000,000 d'habitants. Quelques îles forment un plateau dont les pentes sont plus ou moins rapides; d'autres offrent des plaines, des vallées, des collines, de hautes montagnes, des volcans redoutables.

Les îles situées sur les côtes des continents en sont une dépendance naturelle et en font géologiquement partie. Elles ont été formées par des soulèvements ou des abaissements graduels du sol, qui les ont détachées des terres voisines. Ce sont les plus grandes îles du globe. Ainsi le vaste archipel des îles de la Sonde, situé sur un plateau sous-marin, a dû être réuni à l'Asie par une plaine basse, aujourd'hui occupée par le détroit de Malacca et par le golfe de Siam. Leur flore et leur faune sont identiques à celles de l'Indo-Chine et de l'Indoustan. Ces îles, dont la superficie égale presque celle de l'Europe, se sont détachées du continent asiatique en s'abaissant lentement; les parties les plus basses sont descendues sous les eaux de l'Océan.

La Grande-Bretagne est un exemple frappant d'une île qui s'est séparée du continent voisin. La ressemblance de ses falaises avec les côtes opposées de la France et l'identité de sa flore et de sa faune prouvent que cette grande île faisait partie du continent. Le Pas-de-Calais, qui l'en sépare et qui n'a que vingt mètres de profondeur, continue de s'élargir. La côte de Kent a perdu six kilomètres depuis les Romains, et elle continue de perdre un mètre par an. Du côté de la France, la falaise de Gris-Nez recule de 25 mètres par siècle. A leur tour, l'Irlande, l'île d'Anglesey, l'île de Wight et les autres petites îles voisines se sont détachées de l'Angleterre.

De même, les îles qui bordent la côte de Hollande faisaient partie du littoral que la mer a submergé, tandis que les îles de la Norvége se sont lentement élevées au-dessus de la surface de la mer du Nord. On peut en dire autant des îles de l'Archipel et de la plupart des îles de la Méditerranée, dont la flore et la faune sont identiques à celles des continents voisins.

Certaines îles doivent avoir existé depuis les époques géologiques les plus reculées. Telles sont l'Australie et la Nouvelle-Zélande, dont la flore et la faune ne ressemblent à celles d'aucun autre pays; ces deux îles forment deux mondes à part, sous le rapport de leurs plantes et de leurs animaux.

Toutes les autres îles, qui occupent une surface plus ou moins étendue, ont été soulevées par des volcans ou construites par des zoophytes, animaux-plantes, qui servent de lien entre le règne animal et le règne végétal. Parmi les îles volcaniques, on cite celle de Jean Mayen, dans l'océan polaire; Stromboli, dans la Méditerranée, Santorin et quelques autres Cyclades, dans l'Archipel; Madère, les Açores, les Canaries, les îles du Cap-Vert, l'Ascension, Sainte-Hélène, dans l'océan Atlantique; les îles Andaman et Nicobar, dans l'océan Indien. Dans l'océan Pacifique, les plus grandes îles sont de formation volcanique. Telles sont les îles Gallapagos, l'île d'Hawaï dans l'archipel de Sandwich, les îles Marianne, les îles Bonin et Grampus de l'archipel de Magellan, les îles du Japon, les Kouriles, les Aléoutiennes, les Marquises, les îles Gambier, celles de la Société, et quelques-unes des îles des archipels des Amis, des Navigateurs et de Cook.

La plupart des petites îles de l'océan Pacifique, beaucoup plus nombreuses que les îles volcaniques, ont été produites par des zoophytes, à qui nous devons le corail. Ces animalcules, invisibles à l'œil nu, ne se trouvent guère que dans les chaudes régions situées entre le 30° de latitude au nord et au sud de l'équateur. Comme ils vivent difficilement au-dessous de 20 à 30 brasses de profondeur, c'est là qu'ils s'établissent sur des rochers, et qu'ils commencent leurs immenses travaux. Les formations corallines, ainsi que les coquilles, sont composées de substances calcaires, que la pluie dissout sur la terre et que les fleuves portent à la mer. Les zoophytes savent séparer le calcaire de l'eau, le solidifier et en faire leurs merveilleuses constructions. C'est en se développant les uns au-dessus des autres qu'ils forment des îles de corail. Ces îles ne sont ordinairement qu'à fleur d'eau, ou ne s'élèvent que de quelques pieds au-dessus de la surface de la mer. Quelques-unes, qui ont jusqu'à 200 mètres d'altitude, ont été probablement soulevées par l'action volcanique.

Les unes sont isolées, d'autres sont groupées de différentes manières. Quand les îles de corail sont disposées en forme d'anneau ou de croissant autour d'une certaine étendue de mer, dont elles font une espèce de lac mal fermé, on les appelle des *atolls*. On distingue trois groupes principaux d'atolls dans l'Océan Indien, les Laquedives, les Maldives et les îles Chacos, et deux dans l'Océan Pacifique, le long archipel des Carolines, et les îles Basses, composées d'innombrables récifs de corail. Il y a des milliers d'autres atolls parsemés sur la surface de l'Océan Pacifique.

Souvent les récifs de corail forment une ceinture de corail attenante à la terre ou située tout près des côtes d'une île volcanique. Telles sont l'île Maurice et l'île de Madagascar dans l'Océan Indien; les îles Sandwich et une foule d'autres dans l'Océan Pacifique.

D'autres fois, les récifs de corail environnent une île à une certaine distance du rivage et font ce qu'on appelle une *barrière de corail*. Ainsi la Nouvelle-Calédonie est presque tout entourée d'une barrière de corail de 640 kilomètres de longueur. Telles sont encore l'île de Vanikoro, où périt notre La Pérouse, les îles Pelew, les Archipels de Marshall et de Gilbert, les îles Salomon, les îles Fidji, l'île de Tahiti et d'autres îles de la Société.

La plus longue barrière de récifs de corail se trouve au nord-est de l'Australie, à 20 et 30 milles de la côte. Elle s'étend depuis le Cap York, au nord jusqu'au tropique du Capricorne, sur une longueur de 1,900 kilomètres et sur une largeur variable de 100 à 1,500 mètres. Elle est ordinairement à fleur d'eau et quelquefois au-dessous du niveau de la mer. Elle est interrompue par plusieurs ouvertures, où il est dangereux de passer ; les vaisseaux naviguent entre le banc de corail et la côte. Les polypes y travaillent avec tant de rapidité, qu'en vingt-cinq ans ils ont porté le nombre des îles corallines de 26 à 250, et qu'ils menacent de fermer entièrement le détroit de Torrès, entre l'Australie et la Nouvelle-Guinée.

Les îles de corail deviennent graduellement habitables. Pendant les tempêtes, la mer y jette toute espèce de matières; le vent et les courants y déposent les germes de la vie végétale et animale ; des herbes et des arbres y naissent, et leur décomposition forme un sol fertile. On y voit apparaître des lézards et des insectes ; les oiseaux y cherchent un refuge et y font leurs nids. Enfin l'homme y vient établir son habitation. En creusant à quelques pieds de profondeur, on y trouve de l'eau douce, probablement produite par l'infiltration des eaux de la mer à travers les roches corallines.

QUESTIONNAIRE.

Indiquez la variété de surface des îles. — Quelles sont les plus grandes ?
Quelle est l'origine des îles ? — Comment s'est formée l'Angleterre ?
Quel changement s'opère sur la côte de Flandre et sur celle de Kent ?
Nommez des îles volcaniques dans la Méditerranée, dans l'Océan Atlantique, dans l'Océan Pacifique. — Sont-elles grandes ou petites ?
Nommez des îles corallines. — Dans quelles latitudes se trouvent-elles ?
De quels matériaux se servent les zoophytes pour les construire ?
Qu'est-ce qu'un atoll ? — Nommez quelques groupes d'atolls.
Indiquez les principales barrières de corail.
Comment les îles de corail deviennent-elles habitables ?

CHAPITRE II.

DE L'EAU.

§ 1. — Océans et mers. — Influence de la mer. — Division de l'eau en océans : Atlantique, Pacifique, Indien, Polaire. — Profondeur de la mer. Sonde. — Fond de la mer. Drague. — Salure, propriétés de l'eau salée. — Influence. — Température de la mer. — Couleur, phosphorescence. — Mouvements de la mer : vagues, marées, courants. Gulf-Stream.

L'étude de l'eau qui couvre le globe n'est ni moins intéressante, ni moins importante que celle de la terre ferme. Les eaux de la mer jouent un grand rôle dans l'économie générale du monde. Après avoir formé les continents, elles ne cessent de modifier la surface des terres et la configuration des côtes. C'est à la mer que nous devons les nuages et la pluie, les orages et les ouragans, les glaciers et les fleuves, qui polissent les aspérités du sol, dissolvent les rochers, rongent les flancs des montagnes, entraînent des terrains, diminuent la profondeur des lacs et forment les plaines fertiles des deltas.

La mer reçoit du soleil une somme de chaleur qu'elle distribue à la terre par les courants et par les vents, et qui tempère l'ardeur de l'été et la rigueur de l'hiver. Comme elle devient moins chaude en été et moins froide en hiver, elle exerce une puissante influence sur les climats et, par conséquent, sur la végétation et sur la vie animale, qui dépendent plus de l'eau que de la distribution et de l'élévation des terres.

La mer est une grande voie qui mène dans toutes les parties du monde et qui met en communication habituelle les peuples les plus éloignés. Nous lui devons le développement du commerce et une grande partie de nos richesses, de notre bien-être et de notre civilisation.

Nous allons résumer les principales observations qu'on a faites sur la superficie de la mer, sur la forme de ses rivages, sur la forme et la nature du fond, la profondeur, la couleur, la température, la salure, la densité, le mouvement des vagues, des marées et des courants.

L'eau couvre les trois quarts du globe. Cette immense étendue d'eau, non interrompue, ne forme, à proprement parler, qu'un seul océan, au milieu duquel s'élèvent les îles et les continents. Cependant, on trouve plus commode de la diviser en plusieurs océans, qu'on appelle l'*Océan Atlantique*, l'*Océan Pacifique*, l'*Océan Indien* et les deux *Océans Arctique* et *Antarctique*, bornés par les deux cercles polaires. Chaque océan a des parties distinctes qu'on appelle mers, golfes ou baies, et détroits.

L'OCÉAN ATLANTIQUE, qui a une superficie de 9 millions de lieues carrées, s'étend d'un cercle polaire à l'autre sur une longueur de 3,000 lieues et sur une largeur variable, qui est de 300 lieues entre la Norvége et le Groënland, de 500 lieues entre la Guinée et le Brésil, et de 1,200 lieues entre le Maroc et la Floride. C'est une espèce de longue vallée qui sépare les deux mondes, et dont la plus grande dépression, évaluée à 10,000 mètres de profondeur, se trouve entre les Açores, les Bermudes et l'île de Terre-Neuve. C'est à la forme de ses rivages, resserrés entre l'ancien et le nouveau continent, surtout dans l'hémisphère septentrional, et à la variété de la température de ses eaux, glacées au nord et tièdes sous l'équateur, qu'on attribue la hauteur de ses vagues, la violence de ses tempêtes, la complication et l'influence de ses courants réguliers. L'Atlantique est le plus important et le plus fréquenté de tous les océans; c'est la grande voie de communication entre les peuples les plus civilisés, et les ports les plus commerçants du monde sont situés sur ses côtes. Aussi, il a été l'objet de nombreuses études, et c'est celui dont on connaît le mieux la température, le fond et la profondeur.

L'Atlantique est remarquable par ses mers et ses golfes. A l'ouest, il forme la mer de Baffin, la mer ou baie de Hudson, le golfe Saint-Laurent, la baie de Fundy, le golfe du Mexique, la mer des Antilles ou des Caraïbes ; à l'est, il y a la Baltique, la mer du Nord, la Manche, la mer d'Irlande, le golfe de Gascogne ou de Biscaye, la Méditerranée, l'Adriatique, l'Archipel, la mer de Marmara, la mer Noire et la mer d'Azof.

De toutes les mers qui dépendent de l'Atlantique, la plus intéressante pour nous est la Méditerranée, qui, depuis les temps les plus anciens, sert de lien entre l'Europe, l'Asie et l'Afrique. Le canal de Suez, qui l'unit à la mer Rouge, fait communiquer ensemble l'océan Atlantique et l'océan Indien.

Comme l'Atlantique, l'OCÉAN PACIFIQUE s'étend d'un cercle polaire à l'autre; mais il ne communique avec l'océan Glacial du nord que par le détroit de Behring, qui n'a que 12 lieues de large et 100 pieds dans sa plus grande profondeur. Il a une largeur de 300 lieues entre la Chine et la Californie, et de 4,000 lieues entre la presqu'île de Malacca et la côte du Pérou, et une superficie de 30,000,000 lieues carrées ; c'est la moitié de la circonférence et de la surface du globe. La vaste étendue de sa surface donne plus de liberté aux mouvements de ses eaux et le rend moins sujet aux tempêtes.

L'océan Pacifique est moins important que l'Atlantique comme voie de communication, et l'on connaît moins bien sa profondeur, le fond de son lit, ses innombrables îles et ses autres détails géographiques. Parmi les mers et les golfes qui en dépendent, on distingue, à l'est, les golfes de Panama et de Californie ; au nord, la mer de Behring ou de Kamtchatka ; à l'ouet, la mer d'Okhotsk, la mer du Japon, la mer Jaune et la mer de la Chine. Ces mers ne pénètrent pas dans les terres comme celles de l'Atlantique ; ce sont des parties de l'océan, dont elles sont séparées par des groupes d'îles. Remarquons encore que les côtes de l'océan Pacifique sont peu découpées, surtout à l'est, où, sur une étendue de 1,600 lieues de longueur, on ne trouve que les golfes de Californie et de Panama.

L'OCÉAN INDIEN, dont on évalue la superficie à 70,000 lieues carrées, est fermé à l'ouest par l'Afrique, au nord par l'Asie, à l'est par les îles de la Sonde et par l'Australie. Le voisinage de toutes ces terres y fait dévier les mouvements de l'atmosphère ; et, au lieu des vents alizés, de l'est à l'ouest, on a les *moussons*, qui soufflent alternativement du sud-ouest et du nord-est, et que nous expliquerons en parlant des vents. L'océan Indien forme la baie du Bengale, celle de Cambaye, la mer d'Oman ou d'Arabie, le golfe Persique et la mer Rouge.

Les deux OCÉANS POLAIRES sont peu connus, malgré les nombreuses tentatives qu'on a faites pour les explorer ; on a toujours été arrêté par les glaces. On s'est avancé dans l'océan Glacial du nord jusqu'au 82° 40′ latitude ; on a exploré les nombreuses îles de l'Amérique, et l'on a enfin découvert le fameux passage, cherché depuis trois siècles, qui permet d'aller par eau de la mer de Baffin au détroit de Behring, mais que les glaces rendent impraticable à la navigation et inutile au commerce. Plusieurs navigateurs croient qu'une mer ouverte existe au pôle nord. La chaleur du soleil, si faible qu'elle y soit, s'y accumule pendant le jour de six mois et suffit, dit-on, pour fondre les glaces qui s'y forment pendant la nuit de six mois, et qui, en été, se détachent et voguent vers le sud en montagnes flottantes. L'existence de cette mer est encore rendue probable par les courants polaires, qui ne peuvent venir que d'une mer libre de glaces. Quelques navigateurs prétendent même avoir vu de loin cette mer, dont les eaux, disent-ils, sont peuplées de phoques, de morses, de mollusques, et qui est fréquentée par un nombre prodigieux d'oiseaux aquatiques. La découverte de cette mer mystérieuse, qu'on appelle *Polynia*, est un problème dont la solution intéresse vivement la navigation et la géographie.

L'océan Antarctique est encore moins connu que l'océan Arctique ; on n'a pu pénétrer que jusqu'au 78° latitude. On a été arrêté par des montagnes de glaces, auxquelles on a donné les noms de terres de *Graham* et de *Louis-Philippe*, au sud de l'Amérique ; d'*Enderby*, au sud de Madagascar ; d'*Adélie*, au sud de l'Australie ; de *Victoria*, au sud de la Nouvelle-Zélande. C'est dans la terre de Victoria que s'élèvent, à 3,800 mètres d'altitude, les deux volcans du mont Erebus et du mont Terror.

Dans ces dernières années, on a fait de nombreuses observations pour déterminer la profondeur et la forme du fond de la mer, qui exercent une grande influence sur les mouvements de ses eaux. Pour en connaître la profondeur, on se sert de la sonde, qui se compose d'une longue corde et d'un gros boulet. Malheureusement, la sonde est exposée à dévier, quand elle rencontre un courant sous-marin, et elle ne peut pas donner des mesures d'une rigoureuse exactitude. Cependant, des sondages faits avec soin ont permis de mesurer la profondeur de quelques mers. La mer Baltique, la mer du Nord, la Manche et les autres mers voisines de la Grande-Bretagne sont peu profondes. La Baltique n'a que 120 pieds entre la Suède et l'Allemagne; la Manche atteint 300 pieds; la mer du Nord, dont la profondeur moyenne est de 100 à 150 pieds, descend jusqu'à 300 et 350 pieds à l'est de Newcastle. L'Adriatique a 130 pieds entre Venise et Trieste, et de 800 à 900 pieds entre la Dalmatie et le golfe de Manfredonia. La mer Noire a 3,000 pieds de profondeur au sud-est de la Crimée. La profondeur diminue au nord, où le Danube et les autres fleuves accumulent des dépôts enlevés à la terre. La même cause diminue au nord la profondeur de la mer Caspienne, qui n'est que de 50 à 60 pieds, tandis qu'elle atteint 2,800 pieds dans sa partie méridionale. La Méditerranée a 600 pieds entre Gibraltar et Ceuta, 900 pieds dans le golfe du Lion, 10,000 pieds entre Candie et l'Égypte, et 13,000 pieds à trente lieues de la côte orientale de Malte.

La partie septentrionale de l'océan Atlantique a été l'objet de nombreux sondages. La plus grande profondeur mesurée, qui est de 10,000 mètres, se trouve entre les Açores, les Bermudes et Terre-Neuve. A cette profondeur, il y a une plaine d'environ 1200 kilomètres de long. Les sondages ont prouvé qu'entre la côte d'Irlande et celle de Terre-Neuve, il existe une espèce de plateau, qui a une profondeur constante de 4,000 à 5,000 mètres. C'est sur ce plateau que repose le câble transatlantique, attaché d'un côté sur l'île de Valencia, en Irlande, et de l'autre sur la baie de la Trinité, dans l'île de Terre-Neuve, à une distance de 70° longitude, c'est-à-dire de plus de 3,000 kilomètres. Ce câble, qui réunit les deux mondes et qui permet de faire la conversation entre Londres et New-York, a 4,300 kilomètres de longueur et n'a qu'un pouce d'épaisseur. Il se compose d'un fil central de cuivre, qui conduit le fluide électrique, d'une enveloppe de gutta-percha, qui empêche la déperdition de l'électricité, et d'une garniture de matière textile, qui protége la gutta-percha et le fil contre toute espèce d'accidents.

On a encore peu mesuré la profondeur de l'Océan Pacifique et celle de l'Océan Indien. Dans le Pacifique, on a trouvé 4,000 mètres de profondeur entre le Japon et San-Francisco, et 5,900 mètres à l'est des îles Philippines.

On connaît encore moins la surface du lit de l'Océan que sa profondeur. Pour explorer le fond de la mer, on se sert de la drague, espèce de pelle couverte, dont le couvercle s'ouvre en touchant le fond et se referme avec un ressort, quand on la retire. Elle rapporte les graviers, les sables, la vase durcie par l'énorme pression de l'eau, et les autres matières qui couvrent le fond de la mer. Malgré son imperfection, la drague fournit des preuves que la vie existe à toutes les profondeurs, et que la distribution des êtres marins ressemble, à mesure qu'on descend, à celle des plantes et des animaux, à mesure qu'on s'élève sur les montagnes. Comme la profondeur de la mer remplace l'altitude des montagnes et amène également le froid, les zones de climat se succèdent en sens inverse. Quand on s'élève sur les montagnes, on voit diminuer le développement des plantes et des animaux. Le même phénomène a lieu quand on s'enfonce dans la mer. La mer offre donc plusieurs zones de chaleur différente, chacune ayant des végétaux et des animaux particuliers. Après la zone littorale, vient celle des plantes marines, des algues, des crustacés, des mollusques. Dans la zone suivante, la végétation devient de plus en plus rare et finit par disparaître. Mais les animaux microscopiques continuent d'exister jusqu'aux plus grandes profondeurs. Dans l'Océan Polaire, l'Océan Atlantique et la Méditerranée, on a retiré d'une profondeur de 8,000 et même de 10,000 pieds des myriades de spicules d'éponge et des millions d'animaux microscopiques appelés globigérines et foraminifères, qui forment au fond de la mer une espèce de vase vivante. Ces êtres infiniment petits brillent des couleurs les plus variées et sont pourvus d'organes de vision parfaitement conformés. On peut donc dire que, si la végétation est absente, la vie existe à profusion au fond des mers; et comme l'air atmosphérique est absolument nécessaire à la vie, il faut qu'il pénètre dans les plus profonds abîmes de l'Océan, puisqu'ils sont habités.

Les sondages prouvent que le fond de la mer offre, mais en moindre proportion, les mêmes irrégularités que la surface de la terre, et qu'il y a des montagnes, des pics escarpés, des plateaux, des vallées, des plaines, situés à une profondeur constante sur une grande étendue. Ce fait n'est pas étonnant, puisque le lit de la mer est la surface submergée d'anciennes terres, comme les continents sont les lits des mers qui en couvraient la surface. La surface de la terre a pris sa forme au fond des eaux, et elle continue de se modifier sous l'action incessante de la pluie, de la neige, de la glace, des rivières et des fleuves, que nous devons à la mer.

Les sondages montrent aussi que le fond de la mer est souvent la continuation de la pente des terres voisines. Quand la côte est légèrement inclinée, la mer a une pente douce, qui augmente graduellement jusqu'à une grande distance, tandis que, près des côtes escarpées, la profondeur est considérable et qu'elle s'accroît rapidement. Ainsi, les plaines de la Russie septentrionale et de la Sibérie s'abaissent graduellement dans l'Océan polaire; les plaines basses de la Chine orientale se continuent dans la mer Jaune, et les côtes basses de l'Angleterre descendent lentement dans le lit peu profond de la Mer du Nord. D'un autre côté, le golfe du Lion atteint brusquement une profondeur de 6,000 pieds dans la prolongation des Pyrénées, et les côtes élevées de l'Afrique, de l'Amérique méridionale et de l'Australie sont baignées par des mers profondes. Cette observation, vraie pour un grand nombre de mers, est sujette à trop d'exceptions pour servir à déterminer la connaissance des bas-fonds et de la profondeur de la mer, à une certaine distance des côtes. Les mers sont loin d'être toujours la continuation de la pente des continents. Le golfe de Gascogne, par exemple, a plus de 300 mètres de profondeur à une petite distance de la côte basse des Landes.

Un des principaux phénomènes que présente la mer est la salure de ses eaux. L'eau salée contient en moyenne trois centièmes et demi de substances salines. Sur trente-cinq parties de matières salines, le sel commun en forme vingt-quatre; la plupart des autres sont des sels de magnésie et de soda, qui rendent l'eau amère et insupportable au goût. Les sels marins viennent des substances calcaires dissoutes et portées à la mer par les fleuves. Puisque la terre donne les sels de l'Océan, la salure de ses eaux devrait être postérieure à la formation des fleuves. Cependant l'étude des diverses couches de terrain et des vestiges d'animaux fossiles qui ne vivent que dans l'eau salée montre que l'eau de la mer n'a jamais été douce, même quand elle couvrait tout le globe. L'Océan a-t-il été créé salé? C'est un des nombreux problèmes que la science n'a pas résolus.

Le degré de salure n'est pas identique dans toutes les parties et dans toutes les profondeurs de la même mer; il varie selon la quantité d'eau douce apportée par les fleuves et selon l'évaporation de la surface. Les mers peu profondes, qui reçoivent beaucoup d'eau douce et qui ont une légère évaporation sont moins salées que l'Océan. Telles sont la mer Caspienne au Nord, la mer Baltique et la mer Noire. La mer Méditerranée reçoit un grand nombre de fleuves; mais elle a une évaporation si considérable que ses eaux sont plus salées que celles de l'Océan Atlantique. La mer Rouge ne reçoit aucun fleuve, et elle est sujette à une énorme évaporation; aussi ses eaux sont beaucoup plus salées que celles de l'Océan Indien.

Une propriété remarquable de l'eau salée, c'est qu'*elle est moins sensible au froid que l'eau douce*. L'eau douce gèle à la température de 0° centigrade, ou 32° Fahrenheit, tandis que l'eau salée ne gèle qu'à 2°22 centigrade, ou 28° Fahrenheit; il lui faut donc 4° Fahrenheit de froid de plus pour se changer en glace. Grâce à cette propriété, une plus grande étendue de la mer reste ouverte et accessible à la navigation.

L'eau salée jouit d'une autre propriété : *elle s'évapore beaucoup moins que l'eau douce*. L'évaporation n'enlève pas le sel. Voilà pourquoi l'eau de pluie est douce. Ainsi, toutes les conditions étant identiques, une surface d'eau salée donne beaucoup moins de vapeur qu'une égale surface d'eau douce. Si l'immense étendue de l'Océan se composait d'eau douce, elle enverrait à la terre, qui est proportionnellement petite, une quantité d'humidité hors de proportion avec ses besoins. Au lieu d'être arrosées, rafraîchies, fertilisées, certaines régions seraient inondées et quelquefois noyées sous les eaux.

Une troisième propriété de l'eau salée, c'est qu'*elle est plus dense et plus pesante* que l'eau douce. Aussi l'eau douce des fleuves flotte à une assez grande distance sur l'eau salée de la mer avant de s'y mêler et de s'y confondre. Partout où il y a une différence de salure et de densité entre deux mers voisines, il se forme des courants qui tendent à rétablir l'équilibre. De là les courants entre la mer Baltique et la mer du Nord, entre la Méditerranée et l'Atlantique, entre la mer Rouge et l'Océan indien. La salure donne donc à la mer une grande partie de sa force de circulation; sans les sels il y aurait moins de courants maritimes.

Puisque la salure vient des fleuves, elle devrait aller en augmentant et accroître la densité de l'eau de l'Océan. L'harmonie de la création se maintient par le rôle des innombrables zoophytes qui peuplent les profondeurs de la mer. Ces animalcules empruntent aux substances salines les matériaux dont ils fabriquent leurs coquillages, leurs écailles, leurs perles, leurs merveilleux rochers de corail, et jonchent des débris de leurs travaux le lit des mers, comme l'hiver couvre de neige la surface de la terre. Ils contribuent donc à la circulation des eaux en conservant dans leur état normal la salure et la densité de l'Océan.

L'eau, comme les autres corps, se dilate par la chaleur et se contracte par le froid. La contraction et la dilatation de l'eau salée et de l'eau douce présentent un contraste remarquable. L'eau douce acquiert son maximum de densité et de pesanteur, et se réduit à son plus petit volume à 3°90 centigrade (39° Fahrenheit). A partir de ce degré, elle ne se contracte plus. Si elle se refroidit davantage, elle se dilate et devient plus légère jusqu'à ce qu'elle gèle à 0° centigrade (32° Fahrenheit). Donc, quand la température de l'air est au-dessous de 3°90′ centigrade, l'eau la plus froide, qui est la plus légère, se trouve à la surface dans une mer d'eau douce.

L'eau salée, au contraire, continue à se contracter et à devenir plus pesante, à mesure qu'elle se refroidit, jusqu'à 2°22′ centigrade (28° Fahrenheit), qui est son point de congélation. Aussi, en hiver, l'eau la plus chaude se tient à la surface dans une mer salée. L'eau salée de l'Océan contribue donc plus que ne le ferait l'eau douce à tempérer le climat des régions voisines.

Puisque l'eau douce, au moment où elle va se geler, cesse de se condenser, qu'elle se renfle et devient plus légère, la glace se forme à la surface des rivières, des lacs et des étangs. Si l'eau continuait à se condenser en se gelant, elle serait plus lourde; la glace se formerait au fond et l'eau inonderait les plaines voisines. De plus, cette glace au fond des fleuves et des lacs serait privée de la chaleur du soleil et ne fondrait pas en été. Le globe deviendrait un glacier inhabitable. Grâce à cette loi bienfaisante, la gelée n'amène aucune inondation, et la couverture de glace conserve la chaleur de l'eau et protége les poissons contre le froid de l'atmosphère.

La température de la surface d'une mer se rapproche beaucoup de celle de l'atmosphère environnante. Cette température, qui est à 0° centigrade (32° Fahrenheit) vers les pôles, augmente régulièrement à mesure qu'on se rapproche de l'Équateur. Elle est de 20° à 25° centigrade (68° à 77° Fahrenheit) sous les Tropiques, de 25°56 à 29°44 (78° à 85° Fahrenheit) dans la zone équatoriale. Le golfe du Mexique a une température exceptionnelle de 30°56 et même de 31°11 (87 à 88° Fahrenheit). Cette inégalité de température entre les mers du Nord et les mers équatoriales produit, comme la différence de densité, des courants d'eaux chaudes vers les pôles et des courants d'eaux froides vers l'Équateur.

Nous avons vu qu'il y a dans la mer, à mesure qu'on descend, comme sur la terre à mesure qu'on s'élève, des variétés de température, de climat, et par conséquent de conditions d'existence pour les plantes et les animaux. Les observations qu'on a faites ne permettent guère encore de déterminer avec certitude l'augmentation et la diminution de la température dans le sens vertical, c'est-à-dire de haut en bas. On a cru longtemps qu'à une certaine profondeur, variable selon la latitude, la mer avait une température uniforme d'environ 3°90 (39° Fah.), et qu'elle la conservait jusqu'au fond de son lit. Les plus récentes observations faites au nord de l'Écosse semblent renverser cette opinion et montrer que la température s'abaisse régulièrement jusqu'aux plus grandes profondeurs qu'on ait pu atteindre. Le thermomètre marquait 8°33 (47° Fahr.) à 900 mètres de profondeur; 5°56 (42° Fah.) à 1,350 mètres; 3°33 (38° Fahr.) à 1,800 mètres, et 2°22 (36° Fahr.) à 3,600 mètres. Si la température continuait à diminuer à mesure que la profondeur augmente, le fond de certaines mers serait à peu près glacé.

L'inégalité de température entre les différentes profondeurs produit des courants verticaux de haut en bas et de bas en haut. L'eau la plus chaude, qui est la plus légère, reste à la surface. A mesure qu'elle se refroidit par le rayonnement, elle s'enfonce et fait place à des gouttes plus chaudes, qui, à leur tour, se refroidissent et s'enfoncent. Ce mouvement continuel est une des causes qui rendent la surface de la mer moins froide la nuit et l'hiver, moins chaude le jour et l'été que la surface de la terre, et qui lui donnent un climat plus égal. La différence de température entre les heures les plus chaudes du jour et les heures les plus froides de la nuit ne dépasse pas 4°. L'influence du climat maritime se fait sentir sur les régions voisines et les préserve des extrêmes de froid et de chaleur.

En petite quantité, l'eau n'a pas de couleur; en grande quantité, elle prend une teinte verte ou bleue. Il est difficile de déterminer la couleur de l'eau de la mer, qui varie avec l'état de l'atmosphère. Cette eau est verdâtre dans les mers polaires, d'un vert sombre dans le golfe de Gascogne, d'un azur foncé dans le golfe du Lion, d'un bleu splendide dans la fameuse grotte de Capri, située dans le golfe de Naples. Dans l'Océan Atlantique, les eaux basses sont d'un vert plus ou moins foncé, et les eaux profondes d'un bleu indigo.

Maury, le célèbre explorateur de l'Océan Atlantique, attribue à la salure la couleur bleue de la mer. La mer la plus salée devrait donc avoir le bleu le plus foncé. Cependant la mer Rouge, la plus salée de toutes les mers qui communiquent avec l'Océan, a un bleu bien moins vif que celui de la *grotte d'azur* de Capri. Le bleu ne serait-il pas dû plutôt à la réfraction des rayons du soleil, qui pénètrent à une grande profondeur, et modifié suivant la pureté de l'air, la forme et la couleur des nuages?

Dans certaines mers, la différence de couleur est produite par la nature du fond, par l'eau des fleuves, par des myriades de végétaux et d'animaux, ou par d'autres accidents physiques. La mer Jaune doit son nom au fleuve Hoang-Ho, dont les eaux sont teintes d'un limon jaune. Le golfe de Californie, dont l'eau est bleue ou verdâtre, s'appelle la mer Vermeille, à cause de la couleur des eaux du Colorado ou de la teinte rouge que lui donnent quelquefois des animaux microscopiques. La mer Noire et la mer Blanche doivent leur nom, l'une à la couleur sombre de ses eaux et à son ciel nuageux; l'autre, à la couche de glace et de neige qui la couvre pendant une grande partie de l'année. La mer Rouge se couvre quelquefois, dans certaines parties, d'algues microscopiques et devient rouge pendant quelques heures;

puis les algues s'enfoncent et la mer reprend sa couleur azurée. On a vu le même phénomène se produire dans certaines parties de l'Atlantique, qui prirent une teinte d'un rouge vif ayant une épaisseur de plusieurs mètres sur une longueur de 100 kilomètres et une largeur de 16 à 20 kilomètres. C'étaient des myriades de crustacés, invisibles à l'œil nu, qui s'étaient élevés à la surface de l'eau. Ce sont aussi des masses de méduses à tête jaunâtre, mêlées à la couleur bleue de la mer, qui produisent le vert dans les mers polaires.

Quand l'eau de l'Océan est pure et calme, on peut voir des objets à 100 mètres de profondeur. Le fameux baleinier Scoresby assure que le fond de la mer polaire est visible à 80 brasses, c'est-à-dire à 150 mètres. D'un autre côté, des expériences faites dans la Méditerranée prouvent qu'un disque blanc de 10 pieds de diamètre devient invisible à 50 mètres de profondeur.

La phosphorescence, propriété qu'ont certains corps de briller dans l'obscurité, comme du phosphore, est un des phénomènes curieux de la mer. Quand le flanc d'un navire s'élève hors de l'eau, des flammes rouges ou bleues jaillissent de la quille, comme des éclairs. Quand des troupes de dauphins fendent la mer, leur passage est marqué par des étincelles et par une vive lumière. Ce phénomène semble produit par les détritus d'animalcules, tels que les mollusques, les méduses, les zoophytes, qui sont lumineux comme les vers luisants.

La mobilité de l'eau la rend sensible aux plus légères impulsions et produit différents mouvements. Trois sortes de mouvements tiennent les eaux de la mer dans une constante agitation. Ce sont les *vagues*, soulevées par les vents; les *marées*, dues à l'attraction de la lune et du soleil, et les *courants*, produits par la différence de température et de densité.

Les vents soulèvent et poussent les eaux de la mer plus ou moins fort, selon qu'ils sont plus ou moins violents, et selon qu'il ssuivent la marche des flots ou qu'ils s'y opposent.

Les mers les plus petites ont les vagues les moins hautes. Ainsi, les vagues de la mer Caspienne sont plus faibles que celles de la Méditerranée, qui sont inférieures à celles de l'Atlantique, qui le sont à celles de l'Océan Pacifique. Pendant les tempêtes, les vagues moyennes de la Méditerranée ont de 3 à 5 mètres de hauteur ; celles de l'Atlantique ont de 10 à 12 mètres ; celles du cap de Bonne-Espérance, qui passent pour les plus hautes, n'ont qu'une quarantaine de pieds. Ainsi, l'expression de « vagues hautes comme des montagnes » est une hyperbole qui n'a pas été inventée par des marins. Les vagues soulevées par des tremblements de terre sont beaucoup plus hautes, et peuvent causer d'affreux ravages sur les côtes. Pendant le tremblement de terre de 1755, les vagues qui dévastèrent les côtes du Portugal avaient plus de 60 pieds ; et dans celui de 1854, si fatal au Japon, trois vagues énormes submergèrent complétement la ville de Simoda.

La *rapidité* des vagues, qui dépend surtout de la violence du vent, est modifiée par leur amplitude ou largeur, et par la profondeur de l'Océan. Selon sir George Airey, une vague de 100 pieds d'amplitude et de 100 pieds de profondeur, fait environ 15 milles à l'heure ; une vague de 1,000 pieds d'amplitude et de profondeur fait 48 milles à l'heure ; et une vague de 10,000 pieds d'amplitude et de profondeur fait 154 milles par heure.

La *force* des vagues dépend de leur masse et de leur rapidité ; elle est quelquefois effrayante. Pendant des tempêtes, les vagues battent les falaises avec une force égale à celle de 6,000 livres par pied carré. On en a vu démolir des phares, lancer sur les côtes des rochers de plusieurs tonnes, et abattre comme des dunes de sable les digues les plus solides.

Les marées sont des mouvements qui élèvent deux fois par jour les eaux de la mer. La mer monte graduellement pendant six heures, inonde la plage et remplit les ports ; au bout de quelques instants, elle descend et elle met six heures à reprendre son niveau ordinaire. Bientôt elle recommence à s'élever pour se retirer de nouveau. Les vagues ne remuent que la surface de la mer, tandis que les marées soulèvent la masse entière de ses eaux.

Ce mouvement est produit par l'attraction du soleil et surtout par celle de la lune. D'après une loi universelle de la nature, chaque corps attire les autres en proportion de sa masse et en raison inverse du carré de sa distance. La terre est donc attirée par le soleil et plus encore par la lune, qui est 400 fois plus proche. A mesure qu'elle tourne sur elle-même, chaque point de sa surface passe devant les deux astres, et il en est attiré. La mer, étant plus mobile, est plus attirée que la terre ferme. Telle est la cause des marées. Voici comment elles arrivent :

Quand la lune passe au méridien d'un lieu *a*, elle attire les eaux de ce lieu ; c'est une marée. La lune attire aussi la masse solide de la terre ; elle l'attire moins que les eaux qui lui font face, au point *a*, mais elle l'attire plus que les eaux de l'hémisphère opposé, qui sont au point *b*. Ces eaux restent en arrière et se trouvent presque aussi hautes que les eaux du point *a*; c'est une autre marée, qui a lieu en même temps. Douze heures après, la lune passe au méridien du point *b*, et le même phénomène se reproduit. Chaque point de la surface terrestre a donc deux marées en vingt-quatre heures.

Si la lune était immobile comme le soleil, les marées arriveraient toujours à la même heure dans le même lieu.

Mais comme la lune tourne autour de la terre en un mois et qu'elle se déplace, il faut à la terre plus d'une rotation, c'est-à-dire plus de vingt-quatre heures, pour ramener le point *a* dans la même position en face de la lune ; il faut environ vingt-cinq heures. Les marées arrivent donc chaque jour une heure plus tard que la veille.

L'action de la lune et celle du soleil sont d'autant plus fortes que ces deux astres sont plus près de l'équateur terrestre. Aussi les plus hautes marées ont lieu à l'équinoxe de printemps et d'automne, c'est-à-dire à l'époque où les rayons solaires sont perpendiculaires à l'équateur, surtout si les trois corps se trouvent sur le même plan, ce qui arrive pendant la nouvelle et la pleine lune. Quand la lune et le soleil sont dans le même plan que la terre, cette double force d'attraction, agissant dans le même sens, produit de plus hautes marées. Mais quand la lune est à son premier ou à son dernier quartier, la force du soleil, agissant dans une direction différente, diminue celle de la lune, et les marées sont moins hautes.

La *hauteur* des vagues de marée dépend surtout de la forme des côtes, du fond de la mer, de la direction du vent et des courants. La Caspienne, qui est une mer fermée et de peu d'étendue, n'a point de marée. La Méditerranée, dont l'entrée est resserrée, a un flux d'un mètre de hauteur. La marée dépasse rarement 2 mètres de hauteur dans l'Océan Pacifique, et 3 mètres dans l'Atlantique et dans l'Océan Indien. Dans les golfes larges à l'ouverture et resserrés à l'intérieur, les marées sont plus hautes : elles ont 8 mètres dans le golfe de Panama, 15 mètres dans le canal de Bristol, et 20 mètres dans la baie de Fundy, où le contour des rivages et le relief du fond de la mer retardent graduellement le flux et le soulèvent.

La vitesse des flots de marée dépend aussi de la conformation des côtes et surtout de la profondeur de l'océan. Dans un océan ouvert et profond, la vitesse de la marée peut être de 1,200 kilomètres par heure, tandis que dans des mers resserrées par les côtes et peu profondes, la vitesse est 20 fois moindre, c'est-à-dire de 60 kilomètres par heure.

Quelque nombreuses que paraissent être les irrégularités des phénomènes de la marée, la cause qui la produit étant parfaitement connue, il est facile d'en calculer le temps, la durée, la rapidité, la hauteur, la direction. Tous ces détails se trouvent dans les almanachs nautiques. Il est plus difficile de savoir où commencent les premières ondulations de la marée sous la double action du soleil et de la lune; selon les uns, chaque mer est le berceau des marées qui baignent ses plages. D'autres prétendent qu'elles naissent dans l'Océan Austral et qu'elles mettent deux jours et demi pour arriver de mer en mer jusqu'aux rivages de l'Europe.

Les marées modifient momentanément certaines parties du littoral de la mer. Ainsi l'espace compris entre l'île de Noirmoutiers et les côtes de la Vendée est un isthme dans la marée basse et un détroit dans la marée haute; et la grande plage qui entoure le mont Saint-Michel est tour à tour couverte de sable ou inondée d'eau depuis Cancale jusqu'à Granville et Avranches.

Les marées changent en vastes ports des bassins remplis de vase, et elles exercent une grande influence sur la navigation, le commerce et les relations des peuples entre eux. Comme elles soulèvent la masse entière de l'Océan jusqu'aux abîmes les plus profonds, elles contribuent à la circulation générale et au mélange salutaire des eaux qui couvrent le globe.

Il y a des lieux où se rencontrent deux courants de marée; et ces lieux, qu'on appelle mal à propos des gouffres, sont d'autant plus redoutés des navigateurs que la différence de niveau entre les deux courants est plus grande. Les plus connus de ces chocs de courants sont le Ras Blanchard, entre le cap de la Hogue et l'île d'Aurigny ou d'Alderney; le détroit qui sépare les îles de Scarba et de Jura, sur la côte du comté d'Argyle; le Mael-Strom, entre deux petites îles des Lofoden en Norvége; le détroit de l'Euripe entre la Grèce et l'île de Négrepont, et le détroit ou phare de Messine, fameux par les prétendus gouffres de Charybde et de Scylla, que produisent le flux et le reflux de deux courants entre l'Italie et la Sicile.

Les courants de marée, qui remontent certains fleuves, se nomment *barres* ou *mascarets*. En arrivant dans l'embouchure, le flot de marée, quand il est retardé par les bas-fonds et resserré entre les côtes, se gonfle, s'élève en muraille d'eau et s'avance dans le lit du fleuve. Une des barres les plus terribles est celle qui remonte le fleuve du Tcheng-tang jusqu'à la ville de Hang-Cheou, en Chine; elle a plus de 6 mètres de hauteur et une rapidité de 30 kilomètres à l'heure, et elle balaye tout sur son passage. La barre du Hoogly a de 7 à 8 mètres de hauteur; celle de la Garonne, de 3 à 4 mètres, et celle de la Seine, de 2 à 3 mètres.

Les courants sont produits par l'inégalité de densité qui existe entre les différentes parties de l'Océan; et leur direction est modifiée par la forme des côtes et du fond et par la rotation de la terre. L'inégalité de densité vient de la différence de température et surtout de salure des eaux. Si les eaux d'une mer sont plus denses, c'est-à-dire plus lourdes que celles d'une mer voisine, il se produit deux courants contraires entre les deux mers pour rétablir l'équilibre. L'eau la plus lourde forme un courant sous-marin, et la plus légère, un courant supérieur.

La mer Rouge, par exemple, ne reçoit aucun fleuve pour lui rendre l'eau douce que lui enlève une énorme évaporation. Elle devrait finir par être à sec et par former une masse solide de sel cristallisé. A mesure que l'eau de cette mer se sature de sel, elle devient plus lourde que l'eau voisine de l'Océan Indien, et elle s'y déverse par un courant inférieur. Le vide se remplit par un courant supérieur d'eau moins salée et plus légère, qui vient de l'Océan Indien.

D'un autre côté, la mer Baltique reçoit un cinquième des fleuves de l'Europe et elle perd peu d'eau par l'évaporation. Le niveau s'élèverait graduellement, et l'eau finirait par devenir douce, si l'excès ne se déversait dans la mer du Nord par les détroits du Sund et des deux Belts, et si un courant de la mer du Nord ne venait rétablir l'équilibre de salure.

Deux courants semblables existent dans le détroit de Gibraltar, entre la mer Méditerranée et l'Océan Atlantique. La Méditerranée perd, par l'évaporation, trois fois plus d'eau qu'elle n'en reçoit des fleuves et de la pluie. Le niveau baisserait rapidement sans un courant de l'Atlantique qui remplit le vide fait par l'évaporation. A leur tour, les eaux de la Méditerranée, devenues plus salées et plus lourdes, forment un courant inférieur vers l'Atlantique, et l'équilibre de salure se rétablit entre les deux mers.

Les courants les plus grands et les plus importants par leur influence sur le climat se trouvent dans les mers équatoriales et les mers polaires. Dans la zone torride, la chaleur diminue la pesanteur de l'eau et l'évaporation en enlève une énorme quantité. Les eaux des régions polaires, étant plus froides et plus pesantes, vont y rétablir l'équilibre de pesanteur et de niveau. De là, deux immenses courants, l'un d'eau chaude et plus légère allant de l'équateur vers les pôles, l'autre d'eau froide et plus pesante se dirigeant des pôles vers l'équateur. Ces courants produisent une grande circulation des eaux, les maintiennent dans un état de mouvement perpétuel et tendent à égaliser, d'un pôle à l'autre, le niveau, la température et la salure des eaux de l'Océan.

Le grand courant le mieux connu est celui de l'Océan Atlantique. Les eaux de la zone torride, mises en mouvement par les causes que nous venons d'indiquer, se dirigent de l'Afrique vers l'Amérique. A 400 ou 550 kilomètres du cap Saint-Roch, elles se divisent en deux branches inégales. La plus petite tourne au Sud, longe les côtes du Brésil, à une distance d'environ 250 kilomètres et va porter de la chaleur jusque dans l'Océan Austral. La branche principale entre dans la mer des Antilles et dans le golfe du Mexique, où elle acquiert plus de chaleur et de salure, et par conséquent une plus grande force de circulation. Aussi, elle sort du golfe du Mexique, auquel elle doit son nom de *Gulf-Stream*, ou courant du golfe, avec une vitesse de 7 à 8 kilomètres à l'heure. Cédant au mouvement de rotation de la terre, le Gulf-Stream se porte à l'Est et passe par le canal de Bahama. A son entrée dans l'Atlantique, il a une largeur de 40 kilomètres et une profondeur de 400 mètres. On le reconnaît à la couleur bleu foncé de ses eaux, distincte de l'eau verte de l'Océan, à sa forte salure, à sa température élevée. On calcule que la masse de ses eaux est supérieure à celle de tous les fleuves du monde réunis. A mesure qu'il s'avance dans l'Océan, il gagne en étendue et perd de sa profondeur, de sa chaleur et de sa vitesse. A la hauteur du cap Hatteras, il a une largeur de 100 kilomètres, une profondeur de 230 mètres et une vitesse de 6 kilomètres à l'heure; et sa température est descendue de 32°,22 à 28°,89 centigrades.

Arrêté par l'énorme plateau que forment les bancs de Terre-Neuve, et par le courant d'eau froide et plus pesante du courant polaire qu'il y rencontre, le Gulf-Stream se dirige vers l'Est et il se divise en deux branches dans le voisinage des Açores. Une branche longe les côtes du Maroc, qu'elle a rendues fameuses par les naufrages, celles du Sénégal et de la Guinée septentrionale et va se perdre vers son point de départ. On calcule que ce courant met trois ans à faire ce circuit, qui a près de 20,000 kilomètres. Au centre du circuit s'amassent les herbes marines entraînées par le courant, comme des herbes mises dans un bassin d'eau se rassemblent au milieu, si l'on imprime à l'eau un mouvement circulaire. Ces herbes croissent sans racines dans l'eau comme certaines plantes croissent dans l'air, et elles forment une espèce de prairie flottante et brunâtre, qui arrête la marche des vaisseaux. Cette prairie, située au centre de l'Atlantique, entre le cap Vert et le cap Hatteras, et six ou sept fois plus grande que la France, a reçu le nom de mer de *Sargasso*, mot portugais qui veut dire *herbe marine*.

L'autre branche, qui cesse bientôt d'être visible comme courant, mais dont l'existence est constatée par le thermomètre, se dirige vers l'Europe et vient baigner les côtes du Portugal, de la France, de la Grande-Bretagne, de l'Islande, de la Norvége, du Spitzberg, où elle porte les débris des plantes tropicales, les morceaux de bois, les tonneaux et les bouteilles qu'on jette dans la mer des Antilles, pour déterminer la direction et la vitesse de ce fameux courant.

Outre son utilité pour la navigation, le Gulf-Stream, semblable à un grand fleuve d'eau chaude, exerce une heureuse influence sur le climat des contrées où il se fait sentir, et il rend les côtes de France de 6° à 8° plus chaudes que les côtes correspondantes du Canada et des États-Unis. Ainsi, à latitude égale, Paris a une chaleur moyenne de 7° de plus que Saint-John, capitale de l'île de Terre-Neuve. Il y a la même différence entre Bordeaux et Halifax, entre Perpignan et Boston. La Seine ne gèle jamais à son embouchure, tandis que le fleuve Saint-Laurent est gelé pendant plusieurs mois à Québec, bien que cette ville soit à 400 kilomètres plus au Sud que le Havre. C'est donc à la chaleur des eaux du Gulf-Stream que la France doit son climat tempéré, sa richesse agricole et, par conséquent, une grande partie de sa puissance matérielle.

Les autres contrées de l'Europe occidentale n'ont pas moins à se féliciter de cette bienfaisante influence. Les ports des îles Britanniques, situés entre 50° et 59° de latitude, sont toujours ouverts pendant les hivers les plus rigoureux, tandis que les ports de Terre-Neuve, situés entre 47° et 50° de latitude, sont ordinairement fermés par les glaces. A Hammersfest, en Laponie, la mèr est toujours libre, tandis que le Groenland, à la même latitude de 70°, est couvert de glaces perpétuelles. L'île de Cherry, située entre le cap Nord et le Spitzberg, jouit d'un temps si doux, qu'on y a vu tomber de la pluie le jour de Noël, tandis que l'île Melville, au nord de l'Amérique, qui a la même latitude de 74°, est si froide, que le mercure y gèle pendant cinq mois de suite.

Pour remplir le vide que le Gulf-Stream a fait dans les régions équatoriales, deux courants viennent de l'océan arctique, l'un par le détroit de Davis, l'autre par le canal qui sépare l'Islande et le Groenland, et ils se réunissent à l'est de l'île de Terre-Neuve. Plus au Sud, ils rencontrent le Gulf-Stream, sous lequel leurs eaux froides et lourdes forment un courant inférieur, qui continue sa marche jusqu'à ce qu'il se confonde graduellement avec l'Océan Atlantique. Ce courant polaire, qui porte des glaces flottantes jusqu'au 40° de latitude, remplace les eaux chaudes enlevées par le Gulf-Stream, et tempère le brûlant climat du golfe du Mexique et de l'Amérique centrale, comme les eaux chaudes du Gulf-Stream adoucissent la rigueur du froid dans les régions septentrionales. Ces deux courants contraires modifient donc les climats et par suite les conditions de végétation et d'existence. Ils sont aussi fort utiles à la navigation et au commerce. Quoique la vapeur ait rendu les navigateurs moins dépendants des vents, des marées et des courants, ils ont grand soin de profiter des courants favorables et d'éviter les courants contraires. Autrefois il fallait deux mois pour aller de Liverpool à New York ; aujourd'hui quatre semaines suffisent aux navires à voiles, et neuf ou dix jours aux bateaux à vapeur.

Il existe dans l'Océan Pacifique un courant équatorial semblable à celui de l'Océan Atlantique, mais encore peu connu. Soumises aux mêmes influences, les eaux du Pacifique se dirigent de l'Amérique vers l'Asie, l'archipel Malais et l'Australie, qui les arrêtent, et elles se divisent en plusieurs branches. Une branche longe la côte d'Australie, qu'elle réchauffe, et va se perdre graduellement dans l'Océan Antarctique. Une autre branche traverse l'Archipel malais et entre dans l'Océan Indien. Une troisième longe, du Sud au Nord, les côtes de la Chine et celles du Japon, où elle prend le nom de *Kuro-Sivo* ou Courant-Noir, à cause du bleu foncé de ses eaux. Arrêté par le Kamtchatka, où il empêche la mer de se geler, et par les îles voisines, ce courant traverse de nouveau l'Océan, baigne et réchauffe les côtes de l'Amérique septentrionale, dont la température, à latitude égale, diffère peu de la nôtre, et il va se confondre dans le grand courant équatorial.

Pour remplacer l'eau que ce courant déplace dans la zone

torride, un immense courant d'eau froide sort de l'Océan Antarctique, entre le 140° et le 180° de longitude occidentale, et il s'avance du Sud au Nord. Arrivé au 60° de latitude, il tourne vers l'Est et se divise en deux branches. La plus petite double le cap Horn et entre dans l'Océan Atlantique, où elle porte des montagnes de glace et où elle se divise : une partie longe la côte occidentale de l'Afrique, du Sud au Nord ; l'autre double le cap de Bonne-Espérance et pénètre dans l'Océan Indien, où il forme le *Contre-Courant*, si utile aux navigateurs qui vont du Cap en Australie. La branche principale, connue sous le nom de *Courant de Humboldt*, suit les côtes du Chili et du Pérou, qu'elle refroidit de 10° à 12°, et va se mêler au courant équatorial.

Les eaux de l'Océan Indien ont aussi, de l'Est à l'Ouest, un grand courant qui se divise en deux branches près de la grande île de Madagascar : l'une forme le courant du canal du Mozambique, qui a une température plus chaude de 8° à 10° que celle de l'eau voisine ; l'autre longe les côtes orientales de l'île, au Sud de laquelle elles se réunissent de nouveau, pour aller se perdre dans l'Océan Atlantique.

Outre ces grands courants, il y en a plusieurs autres qui sont moins importants et moins connus. Cette partie de la géographie physique laisse encore beaucoup à désirer.

QUESTIONNAIRE.

Indiquez l'influence que l'eau exerce sur le globe.
Quel est le rapport de l'eau et de la terre ?
En combien d'Océans se divise l'eau du globe ?
Décrivez l'Océan Atlantique et indiquez ses dimensions, son influence.
Nommez les mers et les golfes qu'il forme.
Décrivez l'Océan Pacifique et indiquez ses dimensions.
Pourquoi est-il moins sujet aux tempêtes que l'Atlantique ?
Nommez les mers et les golfes qui en dépendent.
Quelle est la largeur et la profondeur du détroit de Behring ?
Quelle est la superficie de l'Océan Indien ?
Quelle est l'influence des terres voisines sur les vents ?
Quelles parties des deux océans polaires a-t-on explorées ?
Quelles raisons a-t-on de croire à l'existence d'une mer ouverte au pôle nord ?
Quelles sont les principales terres découvertes dans l'Océan Antarctique ?
Indiquez la profondeur de quelques mers d'Europe ? — Qu'est-ce que la sonde ?
Quelle cause diminue au Nord la profondeur de la Mer Noire et de la mer Caspienne ?
Où est la plus grande profondeur mesurée de l'Océan Atlantique ?

Décrivez le câble transatlantique. — Où est-il attaché en Europe et en Amérique?

Comment détermine-t-on la surface du lit des mers? — Qu'est-ce que la drague?

Quelle est l'influence de la profondeur de la mer sur la végétation et sur les animaux?

A quelle profondeur a-t-on trouvé des animaux? — Comment sont-ils conformés?

L'air pénètre-t-il dans les abîmes de l'Océan?

Le fond de la mer est-il la continuation de la pente des terres? — Exemples. — Exceptions.

Indiquez la composition des substances salines de la mer.

Sait-on quelle est l'origine de la salure de la mer? — A-t-elle été créée salée?

Quelles causes modifient la salure des mers?

A quel degré gèle l'eau douce? — Et l'eau salée? — Quel en est l'effet?

L'eau salée s'évapore-t-elle comme l'eau douce? — Pourquoi la pluie est-elle douce?

Si l'eau de l'Océan était douce, quel en serait l'effet sur certaines régions?

Quelle est la différence de densité entre l'eau douce et l'eau salée?

Que produit la différence de salure et de densité entre deux mers voisines?

Nommez des courants produits par cette différence.

Pourquoi la salure de l'Océan n'augmente-t-elle pas?

Quel contraste offrent la contraction et la dilatation de l'eau salée et de l'eau douce?

Pourquoi l'eau la plus froide se trouve-t-elle à la surface dans une mer d'eau douce?

A quel degré gèle l'eau douce? — Et l'eau salée?

Pourquoi, en hiver, l'eau la plus chaude est-elle à la surface dans une mer salée?

Pourquoi la glace se forme-t-elle à la surface des lacs et des rivières?

Quel est le bienfait de cette loi?

Quelle est la différence de température de la mer entre le pôle et l'équateur?

Que produit l'inégalité de température entre deux mers?

Quelle est la différence de température entre les différentes profondeurs de la mer?

Pourquoi la surface de la mer est-elle moins froide en hiver et moins chaude en été que les terres voisines? — Quelle est l'effet de cette inégalité de température sur le climat?

Quelle est la couleur de la mer?

Pourquoi les noms de Mer Jaune, de Mer Rouge, de Mer Noire, de Mer Blanche?

Comment explique-t-on la couleur bleue de la mer, et la couleur verte des mers polaires?

A quelle profondeur voit-on des objets?

Quelle est la cause de la phosphorescence de la mer?

Indiquez les trois sortes de mouvements de la mer et les causes de chacun.

Quelle est la cause des vagues? — Où sont les vagues les plus hautes?

Quelles sont les deux causes qui modifient la rapidité des vagues?

Nommez une ville submergée par trois vagues en 1854.

D'où dépend la force des vagues?

Expliquez le mouvement des marées.

Pourquoi les marées de l'équinoxe sont-elles les plus hautes?

D'où dépend la hauteur des vagues de marée? — Où sont les plus hautes?

Quelle est la vitesse du flot de marée dans un océan ouvert? — Dans une mer resserrée?

Où commencent les premières ondulations de la marée?

Citez des lieux où la marée modifie le littoral de la mer.

Quelle est l'influence de la marée sur la navigation? — Sur la circulation des eaux?

Nommez des courants de marée contraires. — Où est le Mael-Strom?

Comment sont produits les prétendus gouffres de Charybde et de Scylla?

Comment appelle-t-on les courants de marée qui remontent les fleuves?

Nommez quelques *barres*. — Quelle est la cause des barres?

Quelle est la cause des courants maritimes? — Comment leur direction est-elle modifiée?

Comment se remplit le vide laissé par un courant?

Expliquez les deux courants de la Mer Rouge, de la Baltique, de la Méditerranée.

Quels sont les deux courants les plus importants par leur influence sur le climat?

Expliquez la cause de ces deux courants et indiquez leur influence sur les eaux.

Décrivez le *Gulf-Stream* et la mer de *Sargasso*.

Quelle est la différence de température entre les côtes de l'Europe et celles de l'Amérique?

Comment se remplit le vide fait par le Gulf-Stream?

Quelle est l'influence du courant polaire sur le climat et sur la navigation?

Décrivez les courants de l'Océan Pacifique. — Où est le Kuro-Sivo?

Quelle est la différence de température entre les côtes occidentales de l'Amérique et celles de l'Europe?

Où est le courant de Humboldt et quelle est son influence sur le climat?

---

§ 2. Fleuves. — Origine. — Sources. — Cours. — Cascades. — Rapides. — Bassin. — Embouchure : Estuaire, Delta. — Direction. — Longueur du cours. — Volume des eaux. — Profondeur. — Rapidité. — Utilité des fleuves. — Fleuves disposés par bassins océaniques. — Bassins intérieurs. — Fleuves perdus. — Le Nil, le Yang-tze-Kiang, le Mississipi et l'Amazone.

L'Océan nous donne les fleuves qui, après avoir arrosé la terre, abreuvé les plantes et les animaux, retournent dans son sein. L'air qui passe sur la mer s'y sature d'eau; c'est l'évaporation. Cette vapeur invisible s'élève, se refroidit, se condense et devient visible sous la forme de brouillards, de nuages, de pluie, de grêle, de neige. Une partie de l'eau ainsi déposée sur les hauteurs par l'atmosphère, s'écoule dans les vallées en ruisseaux, en rivières, en torrents, en fleuves. Une autre partie s'enfonce dans le sol, y coule dans un lit souterrain jusqu'à ce qu'elle rencontre des terrains imperméables, où elle forme des réservoirs. En vertu de la loi de la gravité, elle finit par s'ouvrir une issue, et jaillit en source. La Sorgue de *Vaucluse* ou *vallée close*, ainsi nommée à cause des rochers qui la ferment, est une des plus belles de ces rivières souterraines.

Les sources des principaux fleuves naissent sur les montagnes, qui reçoivent plus d'humidité que les plaines, comme la Loire et le Danube; sur les glaciers, comme le Rhin et le Rhône; sur les plateaux, comme le Volga, ou dans des lacs, comme l'Amazone et peut-être le Nil. A mesure que le cours d'eau avance, il augmente de volume par sa jonction avec d'autres, et le fleuve se forme. Pour déterminer l'affluent qui mérite de donner son nom au fleuve, on considère la masse des eaux et la longueur du cours depuis la source jusqu'à la mer. C'est quelquefois l'usage, plutôt que la science, qui en décide. En général, on appelle fleuve un cours d'eau important, qui va se jeter dans la mer; les autres sont des rivières. D'après cette division un peu arbitraire, l'Adour est un fleuve, tandis que la gigantesque Madeira, qui a 2,000 kilomètres de longueur, ne serait qu'une rivière.

Il y a des fleuves qui coulent dans des vallées formées par les soulèvements et par les fractures du sol; d'autres creusent leur lit dans des terres friables et forment les vallées qu'on appelle *vallées d'érosion*. Les deux côtés du lit sont les rives, qui se distinguent en *rive droite* et en *rive gauche* pour le spectateur qui tourne le dos à la source. Quelques fleuves, subitement arrêtés par des rochers, s'ouvrent une route souterraine et vont sortir à quelque distance. Ainsi le Rhône coule sous terre, entre l'Écluse et Seyssel, la Garonne traverse un souterrain de quatre kilomètres sous le mont de Pouméro, dans les Pyrénées, et la Meuse s'enfonce près de Bazoilles, dans le département des Vosges, pour reparaître à deux kilomètres plus loin.

Certains fleuves, après avoir coulé sur une pente légère, rencontrent tout à coup un précipice et font une chute plus ou moins grande, appelée *cascade* ou *cataracte*, qui interrompt la navigation. L'impression produite par les cascades dépend du volume d'eau, de la hauteur de la chute et de l'aspect du paysage. Les cascades les plus connues et les plus importantes sont celles du Niagara, du Zambesi, du Nil et du Rio de Bogota. La rivière du Niagara, large de 1,000 mètres entre le lac Erie et le lac Ontario, forme deux cataractes séparées par une île, qui ont 50 mètres de hauteur. Le Zambesi, large de 1,600 mètres, tombe d'une hauteur de 100 mètres avec un bruit qui s'entend à plus de douze kilomètres de distance. Le Nil, ayant une largeur de 500 mètres, forme, près des lacs Albert et Victoria Nyanza, la cascade de Murchison, qui a 40 mètres de hauteur. Dans l'Amérique du sud, le Rio de Bogota, large de 44 mètres, tombe avec un bruit épouvantable d'une hauteur de 175 mètres, près de Tequendama, dans un des paysages les plus sauvages et les plus pittoresques de la Cordillère des Andes. Dans la Californie, le Yosemite, affluent du San Joaquim, fait trois chutes encore plus hautes : la première a 200 mètres et les trois ensemble ont 700 mètres de hauteur.

En Europe, c'est la Suisse et la Norvége qui ont les plus belles cascades. On connaît celle du Rhin à Lauffen, près de Schaffhausen, qui a 20 mètres; celle de l'Aar à Handek, qui tombe de 65 mètres, celle de la rivière de Staubbach, qui a plus de 260 mètres de hauteur perpendiculaire, et celle de la petite rivière de Reichenbach, où une suite de cascades font une descente de plus de 330 mètres. En Norvége, on distingue la cascade de Sarp-fos, où le fleuve Glommen tombe de 25 mètres, celle de Riukan-Fos, au sud-ouest de Christiania, qui a une hauteur de 300 mètres; près du fiord de Hardanger, les cascades de Vöring-Fos et d'Ostud-Fos, qui ont 230 et 330 mètres de hauteur, et les cataractes de Trollhättan, au sud du lac Wéner, qui, sans être hautes, sont fort belles. En France, la plus célèbre cascade est celle de Gavarnie, dans les Pyrénées, où le Gave de Pau tombe d'une hauteur de 400 mètres.

Une suite de petites cascades, superposées les unes aux autres en forme de gradins, s'appellent *rapides*. Les fameuses cataractes du Nil, en Nubie et en Egypte, ne sont que des rapides d'un à deux pieds de hauteur. Les rapides du Shannon, près de Limerick, en Irlande, ceux du Dniéper, et ceux du Danube près des Portes de fer, sont bien plus hautes et plus dangereuses pour la navigation.

L'étendue du pays arrosée par un fleuve et ses affluents, forme le *bassin* de ce fleuve; et la ligne ou l'élévation qui sépare deux bassins, se nomme la *ligne du partage des eaux*. Cette ligne est quelquefois une ondulation du sol presque insensible. Ainsi la ligne qui sépare le bassin de l'Orénoque de celui de l'Amazone n'empêche pas ces deux fleuves de communiquer ensemble. L'Orénoque rencontre une double pente et il se divise en deux cours d'eau, qui prennent une direction opposée. L'un, appelé Cassiquiaré, coule au sud-ouest et se jette dans le Rio Negro, affluent de l'Amazone. De même, l'Amazone pourrait communiquer avec la Plata. La rivière Guapore, source de la Madeira, qui se jette dans l'Amazone, n'est séparée de l'Aguapehy, affluent du Paraguay, que par une légère ondulation, où il serait facile de creuser un canal. Quand la campagne est inondée, les canots des sauvages vont d'une rivière à l'autre. La communication serait aussi facile à établir entre le Nelson et le Mississipi. Le même phénomène a lieu en Pologne, où le Pripet, affluent du Dniéper, qui se jette dans la mer Noire, communique avec le Bug, affluent de la Vistule, qui va se jeter dans la mer Baltique.

L'endroit où un fleuve se jette dans la mer est son *embouchure*. Quand l'embouchure est balayée par les flots, elle forme une espèce de golfe, appelé *estuaire* (1) en France et en Angleterre, *firth* en Écosse, *lough* en Irlande, *fiord* en Norvége. Les embouchures de la Seine, de la Loire, de la Gironde, de la Tamise, de l'Humber et de la Severn sont des estuaires. Le plus vaste estuaire du monde est celui de la Plata, qui a 200 kilomètres de largeur à l'entrée de la mer.

Quand l'embouchure n'est pas déblayée par les vagues, le fleuve forme à la longue un banc de dépôts, qui s'accroît des matières rejetées par la mer. Avec le temps, l'espace se remplit de la terre, des pierres et des autres alluvions apportées par le courant; et ce qui était un golfe devient une plaine plus ou moins solide, appelée *delta*, du nom de la lettre grecque Δ, qui en représente la forme triangulaire. Les deltas sont donc d'anciens estuaires, comblés par les alluvions des fleuves. On calcule en combien de temps s'est

(1) *Estuaire*, du latin *æstus*, flux, parce que le flux s'y fait sentir comme dans la mer.

formé un delta, d'après la quantité de limon entraîné par un mètre cube d'eau. Le delta le plus célèbre est celui du Nil, qui a près de 200 kilomètres d'Alexandrie au Caire. Ceux du Gange et du Brahmapoutre, qui se confondent, ont 280 kilomètres de longueur et de largeur à la base. En Europe, le Rhône, le Danube et le Volga; en Afrique, le Niger; en Asie, l'Indus; en Amérique, le Mississipi et l'Orénoque se terminent aussi par des deltas. Certains fleuves rongent les deux rives de leur delta, qui diminue de longueur, tout en augmentant d'étendue du côté de la mer. Ainsi le delta du Nil, qui commençait à Memphis, il y a 2,400 ans, ne commence plus qu'au dessous du Caire, à trente kilomètres plus près de la Méditerranée. D'autres deltas, au contraire, vont toujours en augmentant de longueur. Pour arrêter les inondations du Pô, on a construit, le long de son cours, des digues qui le forcent de porter à la mer tout son limon, et le delta augmente de 70 mètres par an, aux dépens de la mer Adriatique.

Les traits caractéristiques d'un fleuve sont sa direction, sa longueur, le volume de ses eaux, sa profondeur, l'inclinaison de sa pente, la forme de son lit, la rapidité de son cours, son utilité pour la navigation.

Comme, dans l'ancien continent, les plus hautes montagnes vont de l'Est à l'Ouest, les principaux fleuves ont leur pente vers le Nord ou vers le Sud, excepté le Danube et les deux plus grands fleuves de la Chine, qui coulent de l'Ouest à l'Est. En Amérique, où les plus hautes montagnes se dirigent du Nord au Sud, les fleuves se jettent à l'Est ou à l'Ouest. Cette direction peut être modifiée par des rochers ou des collines, qui font dévier le fleuve.

La longueur dépend de l'étendue du pays que le fleuve parcourt. Il y a de grands fleuves dans les vastes plaines du nord et du sud de l'Asie et dans la plaine de la Chine, et dans les plaines encore plus vastes situées à l'est de l'Amérique. La longueur est modifiée par les sinuosités auxquelles le fleuve est assujetti par la configuration du sol.

Le volume ou la quantité d'eau dépend surtout de l'étendue du pays arrosée par le fleuve et par ses affluents. Dans les zones tempérées, le volume est assez uniforme, sauf pendant les grandes pluies et la fonte rapide des neiges, qui produisent des inondations accidentelles et souvent désastreuses. Dans la zone torride, la saison des pluies torrentielles amène périodiquement une augmentation du volume d'eau et des inondations périodiques.

La rapidité dépend du volume d'eau, de la pente et de la configuration du sol. Un fleuve, rapide dans son cours supérieur, se ralentit graduellement à mesure qu'il arrive dans la plaine voisine de son embouchure. Un fleuve d'une pente modérée est rapide quand il n'a point de sinuosités, et qu'il coule droit à la mer. Toutes conditions étant égales, plus un fleuve est profond, et plus il est rapide; et la plus grande rapidité est au centre du courant, où l'eau n'est pas ralentie par le frottement comme sur les bords et au fond du lit. Plus un fleuve est rapide, plus il détache et entraîne de pierres, de sable, de terre, et plus il modifie la forme de son lit et les pays qu'il traverse. Une rapidité de trois pouces par seconde enlève l'argile fine; celle de six pouces enlève le sable menu; celle de douze pouces, le petit gravier; celle de 24 pouces, des pierres d'un pouce de diamètre.

Ce qui fait la principale valeur des fleuves, « ces chemins qui marchent, » c'est la facilité qu'ils offrent à la navigation, au commerce et aux relations des peuples entre eux. Les plus grands ne sont pas ceux qui rendent le plus de service. Sous le rapport commercial, la Tamise et la Mersey en Angleterre, la Seine et la Loire en France, et le Hudson dans les États-Unis, sont au nombre des fleuves les plus utiles et les plus importants du monde, tandis que les immenses fleuves de la Sibérie sont presque inaccessibles à la navigation. La moitié inférieure de leur cours est gelée pendant la plus grande partie de l'année; leurs eaux, qui viennent d'une latitude plus chaude, sont arrêtées par la glace et inondent la plaine, qui se change en lacs et en marais.

Outre leur utilité pour la navigation et le commerce, les fleuves arrosent et fertilisent la terre, donnent de l'eau aux villes bâties sur leurs rives, portent avec eux le mouvement et la vie, enlèvent l'humidité superflue et préviennent la formation de marais malsains. Des contrées entières doivent à des fleuves leur existence et leur fertilité. Sans le Nil, l'Égypte ne serait qu'un désert stérile, comme la Libye et l'Arabie. Les fleuves ne cessent de modifier la surface du globe. Ils labourent le flanc des montagnes et des collines, creusent des vallées, et tendent à diminuer par leur érosion la hauteur des cascades, et par leur dépôts, la profondeur des lacs et les dépressions du sol. Dans certains endroits ils emportent la terre qu'ils traversent, dans d'autres ils y ajoutent et l'agrandissent par leurs alluvions.

On groupe les fleuves selon les mers où ils se jettent. L'Océan Arctique et l'Océan Atlantique, qui baignent les plus vastes plaines du monde, reçoivent naturellement les plus longs fleuves. Dans l'Océan Arctique vont se perdre le Mackenzie en Amérique, l'Obi, le Iénissei et la Léna en Sibérie; et dans l'Océan Atlantique se jettent le Rhin, le Danube et le Dniéper; le Nil, le Niger, le Sénégal, le Congo et l'Orange; le Saint-Laurent, le Mississipi, l'Orénoque, l'Amazone et la Plata. L'Océan Pacifique ne reçoit, en Asie, que l'Amour, le Hoang-Ho, le Yang-tze-Kiang, le Mékong et le Ménam, et en Amérique, que l'Orégon et le Colorado de Californie. L'Océan Indien reçoit de l'Asie le Tigre et l'Euphate, l'Indus, le Gange, le Brahmapoutre et l'Iraouady; l'Afrique ne lui envoie que le Zambési.

Il serait long et fastidieux de faire la description de tous les fleuves du monde. Nous nous bornons à donner la liste des principaux, arrangés par bassins, avec la longueur du cours et la superficie arrosée. Les mesures ne peuvent être qu'approximatives; chaque géographe donne des chiffres différents.

FLEUVES DISPOSÉS PAR BASSINS OCÉANIQUES.

	Longueur du cours en kilomètres.	Superficie du bassin en kilomètres carrés.
Océan Arctique.		
Petchora (Europe)	1300	160.000
Dvina du Nord —	1200	210.000
Obi (Asie)	3300	2.000.000
Iénissei —	3800	1.800.000
Léna —	3400	1.600.000
Mackenzie (Amérique)	3300	960.000
Océan Atlantique.		
Shannon (directement en Europe)	360	1.1200
Severn —	400	6.800
Loire —	1000	72.000
Garonne —	600	5.2000
Adour —	240	
Minho —	300	9.600
Douro —	800	56 000
Tage —	900	52.800
Guadiana —	800	40 000
Guadalquivir —	600	32.000
Tornéa (mer Baltique)	560	9.600
Néva —	64	130.000
Dvina du Sud —	880	97.000
Niemen —	600	64.000
Vistule —	1000	112.000
Oder —	900	80.000
Elbe (mer du Nord)	1000	88.000
Wéser —	600	28.000
Rhin —	1200	80 000
Meuse —	800	56.000
Escaut —	400	12.800
Tamise —	350	9 600
Seine (Manche)	700	48.000
Ebre (Méditerranée)	700	48.000
Rhône —	800	57.600
Arno —	140	4400
Tibre —	240	9.600
Nil —	4400	
Pô (Adriatique)	600	64.000
Adige —	340	6.800
Danube (Mer Noire)	2500	480.000
Dniester —	800	48.000
Dniéper —	1700	320.000
Don (Mer d'Azof)	1500	320 000
Sénégal (directement en Afrique)	1600	128 000
Gambie — —	1300	58.000
Niger — —	3400	
Zaïre — —		
Orange — —	1600	480.000

Océan Atlantique.	Longueur du cours en kilomètres.	Superficie du bassin en kilomètres carrés.
Nelson (baie de Hudson)...................	3200	
Saint-Laurent (directement en Amérique)....	2000	640.000
Mississipi — —	5000	2.080.000
Rio del Norte — —	3000	380.000
Madeleine — —	1300	164.000
Orénoque — —	2500	640.000
Amazone — —	4600	4.000.000
Tocantins — —	2000	
San-Francisco — —	2000	400.000
Plata — —	3500	1.920.000
Océan Pacifique.		
Amour (directement en Asie).............	3500	1.280.000
Hoang-Ho — —	3500	640.000
Yang-tze-Kiang — —	4500	1.168.000
Mékong — —	3500	
Ménam — —	1300	
Orégon ou Colombia (Amérique)...........	2500	490·000
Colorado —	1500	430.000
Océan Indien.		
Iraouady (en Asie)...................	3200	24.0000
Salouen —	2900	
Brahmapoutre —	3200	
Gange —	3100	640.000
Indus —	3600	640.000
Tigre —	1500	
Euphrate —	2000	
Godavery —	1300	230.000
Kistna —	1200	.200.000
Zambesi (en Afrique)....................	2500	
Murray (en Australie)...................	1000	

Bassins intérieurs.

Il y a des cours d'eau qui n'ont aucune communication avec l'Océan; ils se jettent dans des mers ou dans des lacs fermés. Le niveau actuel de ces réservoirs sans issue ne change pas; l'évaporation leur enlève une quantité d'eau égale à celle que leur versent les rivières. Mais comme les rivières apportent des matières salines et que l'évaporation n'enlève pas le sel, ces lacs deviennent de plus en plus salés. Voici les cours d'eau les plus connus, qui finissent dans des lacs ou dans des mers fermées.

	Longueur en kilomètres.	Superficie du bassin en kilomètres carrés.
Volga (mer Caspienne)	2800	800.000
Oural —	1500	
Amou ou Oxus (lac d'Aral)	1900	
Sir ou Yaxartes —	1600	
Jourdain (mer Morte)	150	

D'autres cours d'eau vont se jeter dans les lacs Lob et Balkhash, en Asie; dans les lacs Tchad, Tanganyika et Ngami, en Afrique; dans le Grand Lac salé du plateau d'Utah, et dans le lac Titicaca, dans l'Amérique méridionale.

Les eaux de certaines rivières se perdent par l'évaporation ou sont absorbées par des sables et par des terrains spongieux. Il y en a plusieurs exemples en Mongolie, en Arabie, en Afrique, et dans la République Argentine. Autrefois le Rhin disparaissait dans les sables de la Hollande. En 1806, on lui creusa un canal à travers les dunes, et il va se jeter dans la mer sous le nom de Vieux-Rhin.

Les plus grands fleuves du monde sont le Nil, le Yang-tze-Kiang, le Mississipi et l'Amazone.

Le Nil, le plus célèbre de tous, sort des vastes lacs Albert et Victoria Nyanza, situés sous l'équateur, et il prend peut-être sa source encore plus au sud. On l'appelle le *Nil Blanc*, à cause de la couleur laiteuse de ses eaux. A Khartoum, il est joint par le *Nil Bleu*, ainsi nommé à cause de sa limpidité, qui vient de l'Abyssinie; et alors il a, selon la saison, 450 à 600 mètres de largeur. Après sa réunion avec l'Atbara, qui prend aussi sa source en Abyssinie, le Nil ne reçoit plus d'affluent pendant plus de 1300 kilomètres; aucune élévation du sol n'arrête et ne condense les nuages, et il ne tombe pas assez de pluie pour former des rivières. Comme l'évaporation est très-forte, le Nil n'envoie guère plus d'eau à la mer que le Pô ou le Rhône. Il ne porte que de légers navires, et la navigation est gênée par huit ou dix cataractes, qui ne sont que des rapides. Le phénomène le plus remarquable du Nil est celui qu'offrent ses inondations périodiques. Chaque année, le fleuve, grossi par les pluies tropicales que les moussons de l'océan Indien envoient sur les montagnes de l'Abyssinie et que lui apportent le Nil Bleu et l'Atbara, s'élève depuis la mi-juin jusqu'à la mi-septembre, et il couvre toute la plaine voisine. Cette élévation varie selon les lieux; elle est de dix à douze mètres dans la haute Égypte, de six à huit au Caire, et d'un à deux mètres au nord du delta. En octobre, le Nil commence à diminuer, et il rentre dans son lit vers la mi-décembre. En se retirant, il laisse un limon noir qui forme la terre végétale de l'Égypte, et qui est une source de fertilité et de richesse. Quand la vallée est inondée, on dirait une mer intérieure. Dès qu'elle est à sec, elle se couvre d'une abondante végétation et ressemble à une prairie verdoyante. La terre est si fertile, qu'on y fait trois sortes de récoltes par an : on moissonne le blé et l'orge en avril, le riz et le maïs en mai et en juin, et aussitôt après l'inondation, on récolte le millet et la canne, que des digues isolent des eaux. Le Nil a créé, dans le désert, le sol qu'il arrose, et il a conquis sur la Méditerranée une magnifique plaine de 22,000 kilomètres de superficie. Arrivé au Caire, le fleuve, jusqu'alors resserré entre les flancs d'une vallée de 1600 mètres en Nubie et de 16 à 18 kilomètres au milieu de l'Égypte, se déploie dans la plaine, se divise en plusieurs bras et forme son fameux delta, vaste triangle de 200 kilomètres de long et de large, dont la base est le rivage de la mer, entre Damiette et Alexandrie.

Le Yang-tze-Kiang ou la *rivière bleue* occupe le premier rang parmi les fleuves de l'Asie. Il prend sa source dans les montagnes du Tibet, arrose une plaine alluviale, qui est la partie la plus fertile et la plus peuplée de la Chine, et se jette dans un estuaire de 50 kilomètres de largeur, après un cours qui rivalise en longueur avec celui du Nil. La marée le remonte jusqu'à 550 kilomètres de son embouchure, et les bateaux à vapeur jusqu'à plus de 2,800 kilomètres. Dans la province de Houpé, le Yang-tze-Kiang baigne trois villes très-rapprochées, qui ont ensemble huit millions d'habitants ; ce serait, s'il n'y a pas d'exagération, la plus nombreuse réunion d'hommes qui existent sur un aussi petit espace.

Le Mississipi, le plus long fleuve du monde, a une origine bien modeste. A huit kilomètres du lac Itaska, quelques petits ruisseaux descendent de plusieurs collines de sable et d'argile et se réunissent dans un étang. De cet étang sort un ruisseau de deux pieds de longueur et d'environ un pied de profondeur, qui se jette dans le lac Itaska. A son issue, il a de quinze à vingt pieds de largeur et deux pieds de profondeur ; c'est le Mississipi, qui se grossit successivement de plusieurs affluents considérables. A 800 kilomètres de sa source, près de Saint-Louis, il a 800 mètres de largeur, et il est joint par le Missouri, qui, malgré la supériorité des dimensions, ne lui enlève pas son nom. Le fleuve croît encore en recevant à gauche les eaux de l'Ohio, et à droite celles de l'Arkansas et de la Rivière Rouge, et il est navigable pendant 2500 kilomètres. Au printemps, le Mississipi déborde, inonde ses rives à plusieurs kilomètres de distance, et son lit ressemble à une mer. Son delta, qui commence à 280 kilomètres du golfe du Mexique et qui a une superficie de 16,000 kilomètres carrés, est une plaine couverte de marais pestilentiels, qui va en augmentant d'étendue. Ce delta se termine par d'étroites chaussées de vase que le courant porte en pleine mer et qui ressemblent aux doigts d'une main gigantesque.

L'Amazone, qui a dix fois plus d'eau que tout autre fleuve, est formée par la rivière de Maragnon, qui sort du lac Lauricocha, à 150 kilomètres au nord-est de Lima, et par celle de l'Apurimac ou Ucayalé, qui a sa source dans les Andes, près de la ville et du volcan d'Aréquipa. A partir de cette jonction, le fleuve, qui prend le nom d'Amazone, est navigable jusqu'à la mer, pendant 5000 kilomètres ; et la marée le remonte au delà de 800 kilomètres de son embouchure. De puissants affluents viennent grossir le volume de ses eaux : au sud, c'est la Madeira, le Topajos et le Xingu, qui en Europe passeraient pour de très-grands fleuves; au nord, c'est l'Yapura et le Rio Négro, qui reçoit une partie des eaux de l'Orénoque par une rivière, navigable en bateau, appelée le Cassiquiaré.

Pendant les 600 derniers kilomètres de son cours, l'Amazone a six kilomètres de largeur et quelquefois une profondeur de 30 mètres. A son embouchure, c'est un canal de 70 kilomètres de largeur et de 200 mètres de profondeur; du milieu on ne peut pas apercevoir les rives. La masse de ses eaux est telle, que la douceur s'en fait sentir jusqu'à 800 kilomètres dans l'océan Atlantique. A son embouchure, l'Amazone a formé un groupe d'îles, dont la principale est celle de Marajo. L'Amazone, ainsi que le Nil et la plupart des fleuves de la zone torride, est sujette à des inondations périodiques; elle s'élève depuis le mois de décembre jusqu'au mois de mars, et elle couvre une immense étendue de pays. Comme ce grand fleuve coule de l'ouest à l'est, il a toujours le même climat et tous les pays qu'il arrose ont les mêmes productions, tandis que le Mississipi, qui descend du nord au sud, change de climat et traverse des contrées dont la Flore et la Faune sont très-variées.

Le seul grand fleuve de l'Australie est le Murray, qui reçoit le Murrumbidgee, le Lachlan et le Darling, le plus considérable de ses affluents. Après sa jonction avec le Darling, il a de 100 à 200 mètres de large, et une profondeur qui varie de 4 à 13 mètres.

QUESTIONNAIRE.

D'où vient l'eau qui circule dans l'atmosphère ?
Pourquoi tombe-t-elle sur la terre ? — Qu'y devient-elle ?
Nommez une rivière souterraine.
Où les principaux fleuves prennent-ils leur source ?
Comment détermine-t-on l'affluent qui donne son nom au fleuve ?
Définissez les mots de *fleuve*, *rivière*, *affluent*, *confluent*, *rive droite* et *rive gauche*.
Nommez des fleuves qui ont un cours souterrain. — Quelle en est la cause?
D'où dépend l'impression produite par une cascade ?
Nommez les plus grandes cascades du monde et indiquez leur hauteur.
Dans quelles contrées de l'Europe sont les plus belles cascades ?
Définissez le mot de *rapides* et citez-en un exemple en Irlande, en Egypte, en Russie.
Définissez les mots de *bassin* et de *ligne de partage des eaux*.
Nommez deux fleuves que la ligne de partage des eaux n'empêche pas de

communiquer ensemble. — Pourquoi l'Amazone et la Plata pourraient-elles communiquer ensemble ?

Citez un exemple du même phénomène en Europe.

Quand l'embouchure d'un fleuve forme-t-elle un estuaire ? — Un delta ?

Comment se forment les deltas ? — Comment calcule-t-on l'âge des deltas ?

Citez un delta qui diminue de longueur, et un delta qui augmente de longueur.

Quels sont les traits caractéristiques d'un fleuve ?

Quelle est la direction des fleuves dans l'ancien continent ? — En Amérique ?

Quelle est la cause de cette différence de direction ?

D'où dépendent la longueur, le volume et la rapidité d'un fleuve ?

Quelle cause modifie le volume des fleuves dans les zones tempérées ? — Dans la zone torride ?

Quelle cause modifie la rapidité d'un fleuve ? Quelle est l'influence de la rapidité ?

Qu'est-ce qui fait la principale valeur des fleuves ?

Citez quelques petits fleuves très-utiles et quelques grands fleuves inaccessibles à la navigation.

Quelle est l'influence des fleuves sur l'économie du globe ?

Comment groupe-t-on les fleuves ?

Nommez les fleuves de l'Océan Arctique en Europe, en Asie, en Amérique.

Nommez les fleuves de l'Océan Atlantique en Angleterre, en France, en Espagne, en Afrique, en Amérique.

Nommez les fleuves de la mer Baltique, de la mer du Nord, de la Méditerranée, de la mer Noire.

Pourquoi l'Océan Pacifique reçoit-il moins de fleuves que l'Atlantique, qui est plus petit ?

Nommez les principaux fleuves de l'Océan Indien.

Nommez les fleuves qui ont 4000 kilomètres de longueur.

Nommez les principaux fleuves qui se jettent dans des mers ou des lacs fermés.

Pourquoi le niveau de ces lacs ne change-t-il pas ?

Pourquoi la salure des lacs fermés augmente-t-elle ?

Que deviennent certaines rivières qui ne se jettent ni dans une mer ni dans un lac ?

Depuis quelle époque le Vieux Rhin se jette-t-il dans la mer ?

Décrivez le Nil, le Yang-tze-Kiang, le Mississipi, l'Amazone.

Quelle est la cause des inondations du Nil et des autres fleuves de la zone torride ?

Nommez les principaux affluents du Nil, du Mississipi, de l'Amazone.

Quel est le plus grand fleuve de l'Australie ? — Nommez ses affluents.

---

§ 3. Sources thermales. — Geysers d'Islande. Grottes. — Stalactites.

Nous avons vu qu'une très-grande partie de l'eau qui tombe sur la terre s'enfonce dans le sol et y coule dans un lit souterrain, jusqu'à ce qu'elle s'ouvre une issue et jaillisse en source. Les sources sont intermittentes ou perpétuelles, froides ou chaudes. Les sources peu profondes dépendent de la pluie ; elles deviennent faibles et même tarissent pendant la sécheresse de l'été. Les sources profondes, moins sujettes à l'influence de la sécheresse et de la pluie, coulent toujours. Les sources intermittentes, qui coulent et tarissent périodiquement, viennent de réservoirs souterrains, dont les eaux sont quelquefois au-dessus, quelquefois au-dessous du niveau de leur issue, selon la pluie ou la sécheresse. L'existence de ces nappes souterraines est prouvée par la foration des puits, connus sous le nom des *puits artésiens*, parce qu'ils sont depuis longtemps pratiqués en Artois. Ces puits, percés à travers les couches d'argile, de sable, de pierre, donnent issue aux eaux descendues des montagnes et des plateaux voisins ou éloignés. Les sources qui viennent d'une grande profondeur sont plus ou moins chaudes ; ce sont les sources thermales, ainsi nommées du mot grec *thermos*, qui veut dire *chaleur*. La température, qui, au-dessous d'une certaine profondeur, augmente assez régulièrement d'environ un degré par 25 ou 30 mètres, fait connaître d'où vient l'eau. Plus l'eau est chaude, plus la source est profonde. Les sources de Plombières, par exemple, qui ont 68 degrés centigrades de chaleur, arrivent, dit-on, d'une profondeur de 1650 mètres; et celles de Chaudes-Aigues, dans le Cantal, qui ont 88 degrés de chaleur, viennent d'une profondeur de 2100 mètres; cette eau est assez chaude pour cuire les aliments. La chaleur des sources peut provenir aussi du voisinage d'un volcan. Les Geysers d'Islande, situés au pied du mont Blafell, qui lancent de l'eau bouillante à plus de 30 mètres de hauteur, traversent probablement des couches brûlantes de laves volcaniques. Les sources d'Arigino, dans le Japon, qui ont une température encore plus élevée, sortent sous forme de vapeur.

On compte 864 sources thermales en France et 400 en Espagne. Il est probable que le nombre en est encore plus grand en Suisse et en Allemagne.

Quelques sources thermales donnent une eau plus ou moins pure. La plupart contiennent du fer, du soufre, des gaz, du sel et autres substances minérales en dissolution : de là, les eaux ferrugineuses, sulfureuses, gazeuses, salines, qui ont une vertu curative et qui jouent un grand rôle dans le traitement de certaines maladies.

La substance la plus importante, au point de vue économique, est le sel ordinaire ; c'est par milliers de tonnes qu'on le retire de certaines sources ; celles de Carlsbad, en Bohême, produisent annuellement 15,000 tonnes de sel.

Certaines sources se chargent de calcaire, enlevé aux roches qu'elles traversent, et elles en couvrent les objets qu'on trempe dans leurs eaux, et qui deviennent comme pétrifiés. Les plus connues sont celles de Saint-Allyre et de Saint-Nectaire, près de Clermont-Ferrand, et celles de San-Filippo, près de Rome.

L'eau qui, chargée de calcaire, filtre de la voûte ou suinte des parois de certaines cavernes, produit des concrétions curieuses, appelées *stalactites*, d'un mot grec qui signifie *tomber goutte à goutte*. Ces concrétions revêtent les formes les plus bizarres et les plus fantastiques : ce sont des colonnades immenses, des statues mystiques ou des franges gigantesques, des jeux d'orgue cyclopéens, dont les cristaux étincellent à la lumière des flambeaux et présentent aux visiteurs étonnés un spectacle féérique. La grotte la plus célèbre en stalactites est celle d'Antiparos, une des Cyclades, qui a 70 mètres de hauteur. Parmi les grottes de la France, on cite celles d'Osselles, près de Quingey, dans le Doubs ; celles d'Arcy, près de Vermanton, dans l'Yonne ; celles de Caumont, près de Rouen ; celles de la Balme, près de Crémieu, dans l'Isère, et celles de Sassenage, près de Grenoble.

Après les grottes calcaires, les plus curieuses sont les grottes formées dans des terrains basaltiques. La plus connue en ce genre est celle de *Fingal*, dans la petite île Staffa, une des Hébrides ; elle a été ouverte par le choc des vagues, entre deux rangées de colonnes prismatiques de 15 mètres de hauteur, et surmontées d'un cintre naturel ; on dirait une grande église gothique de 45 mètres de longueur. La plus vaste caverne basaltique est celle du *Mammouth*, dans le Kentucky, aux États-Unis. On y pénètre par une entrée de 10 mètres de largeur, presque au niveau du sol, et l'on y parcourt 40 kilomètres de nombreux corridors et de vastes salles décorées de stalactites gigantesques : il y a le *Dôme du Mammouth*, qui a 40 mètres de hauteur ; un *Abîme sans fond*, une *mer Morte*, une rivière aux eaux bourbeuses, qui coule sous une voûte de pierre calcaire, et une foule d'anfractuosités, où ne s'est encore aventuré aucun visiteur.

QUESTIONNAIRE.

Pourquoi certaines sources sont-elles perpétuelles et d'autres intermittentes ?
Comment prouve-t-on l'existence des nappes d'eau souterraines ?
Définissez les puits artésiens.
Pourquoi certaines sources sont-elles froides, et d'autres chaudes ?
Comment calcule-t-on la profondeur des sources thermales ?
Citez quelques sources thermales en France, en Islande, au Japon.
Quelles substances contient l'eau de la plupart des sources thermales ?
Nommez des sources dont les eaux pétrifient.
Donnez l'étymologie et la définition du mot *stalactite* et citez des grottes à stalactites.
Nommez les plus célèbres grottes basaltiques.

---

§ 4. **Lacs. — Formation. — Distribution sur le globe. — Couleur. — Profondeur. — Influence. — Etangs. — Marais. — Lagunes. — Lacs salés. — Mer Morte. — Lac Elton. — Lac Utah. — Mer Caspienne. — Lacs d'eau douce. — Lac Baïkal. — Grands lacs d'Amérique. — Lacs périodiques. — Lacs à îles flottantes. — Lacs à marées.**

Un lac est une certaine étendue d'eau entourée de terre de tous côtés.

La plupart des lacs sont formés par des cours d'eau qui, rencontrant un creux, un bassin, le remplissent et continuent leur route. Ce courant constant entretient la puret de l'eau. Telle est l'origine des lacs de Genève et de Constance, formés par le Rhône et par le Rhin.

Quelquefois la rivière se perd dans le bassin, et le niveau s'établit dès que la quantité d'eau reçue est égale à celle qu'enlève l'évaporation. Si le bassin reçoit plus d'eau qu'il n'en perd par l'évaporation, il continue de s'agrandir, comme le lac Van, qui ne cesse d'augmenter d'étendue ; la ville de Van, autrefois loin du rivage, en est aujourd'hui très-rapprochée. Mais si le bassin perd par l'évaporation plus d'eau qu'il n'en reçoit, il se rétrécit, comme le vaste lac Titicaca, dans le Pérou, qui n'a cessé de diminuer depuis la période historique. La ville de Tiahuanaca, autrefois située sur ses bords, en est éloignée de vingt kilomètres.

La plupart des lacs fermés sont salés. Comme l'évaporation n'enlève que l'eau douce, ils conservent les substances salines apportées par les rivières, et l'eau devient de plus en saturée de sel. Il y a des exceptions. Le lac Tchad, par exemple, a de l'eau douce, quoique les rivières qu'il reçoit n'aient point d'issue. Le degré de salure varie quelquefois dans les différentes parties du même lac. Ainsi la salure est très-faible au nord de la mer Caspienne, où se jettent les eaux douces du Volga et de l'Oural, tandis que dans les golfes de Karasu et de Karaboghaz, qui ne reçoivent point d'eau douce, la salure dépasse celle de la mer Rouge, la plus salée de toutes les mers qui communiquent avec l'Océan. La vie animale y devient impossible. Les dimensions des coquillages, qui sont proportionnelles à la quantité de sel contenue dans les eaux, offrent un moyen d'apprécier le degré de salure des lacs et des mers.

Quelques lacs sont des restes de la mer, et cette origine explique la salure de leurs eaux. A une certaine époque, le globe était submergé. Lorsque les continents s'élevèrent, les lieux bas conservèrent l'eau et devinrent des lacs. Plusieurs de ces lacs, comme la mer Morte, la mer Caspienne et le lac d'Aral, ont diminué d'étendue, parce qu'ils perdaient plus d'eau par l'évaporation qu'ils n'en recevaient de la pluie et des fleuves. Quelques-uns de ces lacs, d'origine marine, recevant de nombreux cours d'eau douce, ont graduellement perdu toute leur salure. C'est ainsi que sont probablement devenues douces les eaux du lac Baïkal, situé en Sibérie.

Certains lacs sont dus à des affaissements du sol ou à des actions volcaniques. Le lac Tsana ou Dembéah, en Abyssinie, occupe le cratère d'un volcan éteint. L'Auvergne et l'Italie offrent un grand nombre de ces lacs volcaniques, qui ne reçoivent et ne produisent aucune rivière. Ils sont alimentés par la pluie ou par des sources souterraines.

Les lacs les plus nombreux se trouvent dans les pays dont le sol, formé de roches ou d'argile et privé de pente, ne permet pas à l'eau de pénétrer dans l'intérieur de la terre ni de s'écouler dans la mer. Les pays où il y en a le plus sont la Suède, le nord de la Russie, l'Irlande, la Suisse, la Lombardie, et surtout l'Amérique septentrionale. Il pleut moins dans ces contrées que dans la zone torride; mais l'évaporation y est faible, et le sol retient l'eau qui, faute de pente, ne peut s'écouler dans les mers voisines.

La France n'a que de très-petits lacs. On ne peut guère citer que ceux d'Annecy et du Bourget, en Savoie; celui de Nantua, dans l'Ain; celui de Saint-Point, dans le Doubs; celui de Gérardmer, dans les Vosges, et celui de Grand-Lieu, près de Nantes, formé, il y a 1300 ans, par une inondation de la Loire.

Outre la salure, les lacs diffèrent par la couleur de leurs eaux, par la forme, l'étendue et la profondeur de leurs bassins, par l'altitude ou par la dépression de leur surface.

Les lacs qui ont les eaux les plus transparentes et les plus pures de tout mélange sont d'un vert glauque. Les autres sont d'une couleur bleue, verte, brune, jaunâtre, laiteuse. Les eaux des lacs de Constance, de Zurich et de Lucerne sont vertes; celles du lac de Côme sont d'un vert sombre; celles des lacs de Genève et de Garda sont d'un beau bleu d'azur; celles du lac Majeur sont vertes au nord et d'un azur profond dans la partie méridionale.

Les lacs les plus profonds se trouvent au pied des montagnes. Ainsi le lac Majeur, qui a 865 mètres de profondeur, et le lac de Constance, qui en a 764, sont les plus profonds de tous les lacs connus. En général, les lacs de montagnes sont petits, pittoresques et plus longs que larges. La profondeur tend à diminuer dans un grand nombre de lacs. Le fond des uns s'élève par les dépôts qu'apportent les rivières dont les eaux s'y purifient. Tel est le lac de Genève, où le Rhône entre bourbeux et d'où il sort limpide. D'autres perdent plus d'eau par l'évaporation qu'ils n'en reçoivent des rivières; ils deviennent de simples mares ou se dessèchent totalement, comme le lac Neusiedl, en Autriche.

Quelques lacs ont été desséchés par les hommes, comme la mer de Harlem et le lac Bies-Bosch, en Hollande, dont les bassins sont aujourd'hui couverts de villages, et de prairies verdoyantes.

Les lacs, qui donnent une beauté si variée, si pittoresque, aux paysages des continents, exercent une grande influence sur les fleuves, sur les climats et, par conséquent, sur les productions naturelles. Les terres voisines de leurs bassins produisent une végétation qui n'existerait pas dans des conditions différentes.

Les lacs dont les eaux sont peu profondes et stagnantes se nomment des *étangs* ou des *marais*, selon leur étendue. Ainsi le lac Tchad, en Afrique, et le lac Torrens, en Australie, sont des espèces de marais. Les marais et les étangs sont nombreux dans les plaines de la France; on en évalue la superficie à 450,000 hectares; il y en a plusieurs dans les Dombes, au nord-est de Lyon; dans la Sologne, au sud de Blois; dans la partie occidentale du Poitou, qu'on appelle le *Marais;* dans les Landes et sur les rivages du golfe du Lion. Les habitants de ces malheureux pays ont une existence chétive et languissante et sont pâles, maigres, étiolés; le bétail y périt rapidement; les céréales et les plantes potagères y sont de qualité inférieure, les fruits y sont mauvais. La vie moyenne de l'homme, qui, en France, est de 38 à 41 ans, y est à peine de 25 à 26 ans.

Les marais les plus connus de l'Europe sont ceux de Pinsk, en Pologne, les Maremmes de la Toscane et les marais Pontins, près de Rome. C'est dans l'Amérique septentrionale que se trouvent les plus vastes marais du monde. Le centre de l'île de Terre-Neuve, le Canada, la Nouvelle-Bretagne, les côtes basses des États-Unis, qui bordent l'Océan Atlantique et le golfe du Mexique, offrent d'immenses étendues de pays couvertes de marécages. Le plus fameux de ces marais est le *Dismal-Swamp* ou marais sinistre, qui s'étend dans la

Caroline du Nord et dans une partie de la Virginie. Les eaux dormantes des marais, où se décomposent les matières organiques, corrompent l'air et engendrent des maladies pestilentielles, surtout dans les contrées tropicales, où la végétation est luxuriante et où la chaleur rend la décomposition très-rapide.

Les plantes aquatiques seules réussissent dans les marais; on les convertit en tourbe, et l'on en fait un combustible précieux pour les pays où le bois et la houille sont rares. L'Irlande, la vallée de la Somme, la Hollande, le Hanovre et le Jutland sont riches en tourbières.

Les marais formés par les fleuves, sur les côtes basses de la mer, dont ils sont séparés par une bande de terre ou par des bancs de sable, se nomment *lagunes*. Telles sont, par exemple, les lagunes de Venise, enfermées par la longue bande de terre du Lido, qui protége la ville contre les flots de l'Adriatique.

On peut diviser les lacs en *lacs salés* et en *lacs d'eau douce*. Voici les principaux, avec leur superficie, leur profondeur, leur altitude, ou leur dépression, indiquée par le signe —, qui veut dire *moins*. Ces mesures ne sont qu'approximatives.

Lacs salés.

	Superficie en kilomètr. carrés.	Profondeur maximum en mètres.	Élevation ou dépress. en mètres.
Balaton, ou Platten See (Hongrie)	610		300
Elton (Russie)			
Mer Caspienne	313000	900	— 25
Aral	120000	50	10
Balkhash	16000		
Tuzla (Turquie d'Asie)			
Mer Morte	1300	360	— 392
Van	7600		2270
Urmiah (Perse)	1800		4300
Seistan ou Serreh (Afghanistan)	1600		
Lob (Chine)	1390		
Koko-Nor	1500		
Tengri-Nor	1800		
Kéroun (Egypte)	130		
Assal (Abyssinie)	30		570
Shirwa (Mozambique)	900		1800
Grand Lac Salé (États-Unis)	1800	2 à 10	1260
Utah			

De tous les lacs salés, la mer Morte est le plus remarquable par sa dépression au-dessous du niveau de la mer Méditerranée et par la quantité de matières salines qu'elle contient, et qui sont sept à huit fois plus fortes que celles de l'océan. Aucun animal ne peut vivre dans des eaux aussi saturées de sel et d'asphalte. Les poissons apportés par le Jourdain et par les torrents y meurent promptement. Les plantes aquatiques mêmes ne peuvent y germer. Comme la plus grande profondeur de la mer Morte est de 360 mètres et la dépression de 392 mètres, la partie la plus basse de son lit se trouve à 752 mètres au-dessous du niveau de la surface de la terre. La mer Morte a une longueur moyenne de 40 à 44 kilomètres sur 12 à 15 kilomètres de largeur.

Le lac Elton, situé au nord d'Astrakhan, est plus salé que la mer Morte. On en retire annuellement plus d'un million de quintaux métriques de sel. Le lac Utah, dans les États-Unis, est encore plus salé : il a 33 pour 100 de matières salines.

La mer Caspienne est le plus grand lac salé du monde. Elle était autrefois bien plus vaste encore, s'il est vrai, comme l'assurent les géologues, qu'elle s'étendît au nord jusqu'au golfe de l'Obi, et à l'ouest jusqu'à la mer Noire. Comme la mer Morte, elle a diminué jusqu'à ce que l'eau reçue des fleuves ait égalé la quantité d'eau enlevée par l'évaporation. Le niveau de la mer Caspienne est aujourd'hui de 25 mètres au-dessous de celui de la Méditerranée. La profondeur varie : au nord, où le Volga et l'Oural déposent leurs alluvions, elle n'est que de 15 mètres, et elle continue de diminuer ; au sud, on a trouvé de 500 à 900 mètres. La mer Caspienne a une longueur d'environ 800 kilomètres sur une largeur de 200 à 300.

Les lacs de l'Australie sont en général salés. Quelques-uns ne sont que des marais, qui se dessèchent pendant les longues sécheresses.

LACS DEAU DOUCE

	Superficie en kilomètr. carrés.	Profondeur maximum en mètres.	Altitude en mètres.
Europe.			
Wener	5830	96	44
Wetter	3130	140	96
Mœlar	1940		1
Saïma	5120		
Ladoga	16000	300	
Onéga	8000	300	
Biélo	1070		
Ilmen	990		36
Peipous	3000		
Neufchâtel	290	160	470
Genève	570	300	370
Lucerne	105	360	470
Zurich	90	200	440
Constance	460	780	400
Brienz	38	600	600
Thun	56		600
Majeur	2000	850	200
Como	157	640	215
Garda	460	320	100
Asie.			
Tchany (Sibérie)			
Baïkal	34000	200	500
Erivan (Arménie)	1280		1770
Issik (Turkestan)	3840		1700
Siri-Kol	35		5170
Tibériade (Palestine)	190		100
Saïzan (Chine)	4000		
Kossogol	11500		1800
Bukha-Nor	2500		
Palté			430
Tong-ting	5000		
Poyang	2050		
Afrique.			
Tchad (Nigritie	70000	3 à 5	250
Dembéah ou Tsana (Abyssinie)	3580		2000
Albert Nyanza			900
Victoria Nyanza			1100
Tanganyika	16000		600
Nyassa Maravi			430
Ngami			1230
Amérique.			
Esclave (Amérique anglaise)	28000		
Winnipeg	30000		196
Grand Ours	4000	140	77
Winnipegous	7600		
Athabaska	7600		
Supérieur	62800	300	213
Michigan	68000	300	200
Huron	49000	300	200
Erie	27000	37	186
Ontario	14000	200	60
Chapala (Mexique)	2560		
Nicaragua (Amerique centrale)	8960		42
Titicaca (Pérou)	10000	240	4260
Los Patos (Brésil)	12800		

Le lac Baïkal, le plus grand lac d'eau douce de l'ancien continent, s'étend, comme l'Angleterre, entre le 51e et le 56e degré de latitude. Mais, comme il est fort étroit, sa superficie n'est égale qu'à la moitié de celle de l'Écosse. L'hiver y est si froid, que la glace y atteint de deux à trois mètres d'épaisseur. Ce lac, où vivent les phoques, les esturgeons, les moules, et où croissent les éponges et les tiges de corail, était donc autrefois salé. Lorsque les continents s'élevèrent au-dessus de l'océan, le bassin du lac Baïkal resta rempli d'eau salée, avec ses végétaux et ses animaux marins. Comme il reçoit plus de deux cents rivières d'eau douce, il s'est graduellement dessalé, et les animaux, comme les plantes, se sont peu à peu acclimatés à l'eau douce.

C'est dans l'Amérique septentrionale que se trouve la plus vaste étendue de lacs d'eau douce. Les cinq grands lacs qui séparent les États-Unis et le Canada contiennent, dit-on, les deux tiers de toute l'eau douce du globe. Ces lacs reçoivent un grand nombre de rivières, et ils se déchargent les uns dans les autres par les rivières de Sainte-Marie et de Saint-Clair et par celle du Niagara, qui fait la fameuse cataracte. Depuis le lac Ontario, c'est par le Saint-Laurent que les grands lacs communiquent avec l'océan Atlantique.

Plusieurs lacs offrent des phénomènes singuliers. Quelques-uns sont périodiques; leur bassin se remplit et se vide tour à tour par suite de pluies ou de sécheresse. Un des plus curieux est le lac de Zirknitz, en Carniole. A certaines époques de l'année, les eaux s'écoulent par des issues souterraines, et le bassin reste à sec. Tout à coup, les eaux reviennent avec un bruit effroyable, et le bassin se remplit. Certains lacs portent des îles flottantes, qui, en général, proviennent des parties tourbeuses du rivage, détachées, mais maintenues ensemble par les racines des végétaux. Le lac Vadimon, aujourd'hui le lago di Bassanelle, offre un exemple d'île flottante.

Il y a des lacs qui ont des mouvements semblables à des marées. Ainsi, dans les temps d'orage, les eaux du lac de

Genève s'élèvent d'un mètre et demi et s'abaissent alternativement pendant plusieurs heures. Ce mouvement est peut-être dû à la pression atmosphérique sur la surface du lac.

QUESTIONNAIRE.

Quelle est l'origine probable des lacs ?
Comment se sont formés les lacs de Genève et de Constance ?
D'où vient que certains lacs augmentent et que d'autres diminuent ? — Citez des exemples.
Pourquoi la plupart des lacs fermés sont-ils salés ? — Citez une exception.
La salure est-elle identique dans les différentes parties du même lac ?
Pourquoi certains lacs ont-ils perdu leur salure ? — Citez un exemple.
Citez des lacs d'origine marine. — Des lacs d'origine volcanique.
Dans quelle contrée se trouvent les lacs les plus nombreux ?
Citez les principaux lacs de la France.
Quels sont les traits distinctifs des lacs ? — Quelle est la couleur de leurs eaux ?
Où se trouvent les lacs les plus profonds ? — Citez les lacs les plus profonds.
Nommez un lac desséché en Autriche, en Hollande.
Quelle est l'influence des lacs sur le paysage, sur le climat et la végétation ?
Nommez des marais et indiquez leur influence sur la vie humaine.
Quels sont les plus grands marais de l'Europe ? — De l'Amérique ?
Que retire-t-on des marais ? — Citez quelques tourbières en Europe.
Définissez le mot *lagune*, et citez-en un exemple.
Nommez les principaux lacs salés de l'Europe, de l'Asie, de l'Afrique, de l'Amérique.
Indiquez la superficie, la profondeur et la dépression de la mer Caspienne et de la mer Morte.
Nommez des lacs plus salés que la mer Morte. — Quel est l'effet de leur salure ?
Décrivez la mer Caspienne. — Quelle est sa longueur et sa largeur ?
Nommez les lacs de la Suisse, — de la Suède, — de la Russie, — de l'Italie.
Quel est est le plus grand lac de l'Europe ? — Le lac près de Stockholm ?
Quel est le lac le plus élevé du monde ? — Quel fleuve y prend sa source ?
Nommez les principaux lacs de l'Asie, de l'Afrique et de l'Amérique méridionale.
Décrivez le lac Baïkal. — Nommez la contrée qui a les mêmes latitudes, la contrée qui a la moitié de sa superficie.
Où se trouve la plus vaste étendue d'eau douce ? — Nommez le fleuve qui fait communiquer ces grands lacs avec l'Océan.
Où est le lac de Zirknitz ? — Quel phénomène offre-t-il ?
Nommez un lac ayant une île flottante.
Quel est le mouvement du lac de Genève dans les temps d'orage

CHAPITRE III.

DE L'ATMOSPHÈRE.

§ 1. Influence de l'atmosphère. — Composition. — Hauteur. — Couleur. — Propriétés : compressibilité, élasticité. — Ascension de M. Glaisher. — Pesanteur. *Baromètre.*

Après avoir étudié la terre et l'eau, voyons l'air, dont dépend la vie sur le globe. L'air nous transmet la chaleur et la lumière du soleil et l'humidité de la mer, également nécessaires aux plantes, aux animaux et aux hommes. Il couvre la terre comme d'un manteau léger et transparent qui, d'un côté, la garantit des ardeurs du soleil, et de l'autre, la préserve du froid. L'espace traversé par le globe dans sa révolution autour du soleil est si froid, que sans l'air la vie n'y serait pas possible. Sur les montagnes, où l'air plus rare abrite moins le sol, le froid est beaucoup plus vif que dans les plaines. L'air augmente la durée du jour et nous fait passer graduellement du jour à la nuit et de la nuit au jour. Les couches élevées de l'air réfléchissent l'image du soleil avant qu'il soit au-dessus de l'horizon et après qu'il est descendu au-dessous, et nous donnent l'aurore du matin et le crépuscule du soir. Sans l'enveloppe aérienne, le soleil apparaîtrait soudainement le matin à nos yeux éblouis; et le soir nous tomberions brusquement dans une profonde obscurité. Dans la zone torride, l'air est si rare, si transparent, qu'il réfléchit très-peu les rayons du soleil, et l'on y connaît à peine l'aurore et le crépuscule.

Il est donc fort important, dans la géographie physique, d'étudier l'air, ses principales propriétés, sa densité ou pesanteur, sa chaleur, ses mouvements, son humidité, qui nous donne la pluie, la neige, la rosée, et son influence sur les climats et par conséquent sur les conditions d'existence.

L'air est un fluide composé de 21 parties de gaz oxygène et de 79 parties de gaz nitrogène ou azote. Il contient aussi de la vapeur d'eau et une petite quantité de gaz acide carbonique. L'air est indispensable à la vie animale et végétale : les animaux vivent en respirant l'oxygène, tandis que les plantes se nourrissent de l'acide carbonique ; elles l'absorbent par leurs feuilles, qui jouent le rôle de poumons.

L'enveloppe aérienne, appelée *atmosphère* (des deux mots grecs *atmos*, vapeur, et *sphaira*, sphère, globe), occupe sur la terre moins de place que le duvet sur une pêche. On ne sait où finit l'atmosphère. Biot a démontré que sa hauteur minimum est d'environ 50 kilomètres. Comme les bolides sont visibles à 120 et même à 160 kilomètres au-dessus de nos têtes, il est probable que l'air s'étend jusqu'à cette distance. Mais c'est un air extrêmement rare, qu'on appelle *éther*, et qui est d'une nature différente de celle de l'air que nous respirons.

En petite quantité, l'air est incolore ; en masse, il est coloré par la réflexion de la lumière du soleil. Quand il est rare, il réfléchit mieux les rayons bleus, et il nous paraît bleu. Quand il est très-dense, il réfléchit les rayons rouges, et le soleil ressemble alors à un grand disque rougeâtre.

Deux des propriétés les plus remarquables de l'air sont la compressibilité et l'élasticité. Quand l'air est comprimé, son volume diminue comme le fait une éponge serrée dans la main ; dès qu'on cesse de le presser, il reprend son volume primitif. De ces deux propriétés dépendent les conditions de l'équilibre et du mouvement de l'atmosphère. Les couches supérieures sont très-dilatées, et les couches inférieures, qui touchent à la terre, sont très-comprimées par le poids des autres. La pression diminue d'un quart à 2500 mètres de hauteur, de moitié à 5000 mètres et des trois quarts à 9000 mètres. Ainsi les trois quarts de la masse de l'air sont à 9000 mètres de la terre. A trois mille mètres d'élévation, la plupart des hommes commencent à se sentir incommodés par la raréfaction de l'air. Plus haut, on éprouve de la fatigue, des maux de tête, de la difficulté à respirer, des vertiges.

des évanouissements, un saignement des lèvres, des gencives et des paupières. La plupart des religieux du couvent du grand Saint-Bernard, situé à 2470 mètres d'altitude, deviennent asthmatiques. Dans la fameuse ascension qu'il fit en 1863, M. Glaisher, directeur du service météorologique à l'observatoire de Greenwich, avait les mains et les lèvres bleuies à 5800 mètres de hauteur; à 6000 mètres, sa respiration devint gênée; à 8800 mètres, il perdit connaissance; à 10,000 mètres, son compagnon, M. Coxwell, perdit l'usage de ses mains et fut obligé de saisir les cordes de la soupape avec ses dents. Ils ne purent reprendre leurs observations qu'après être descendus au-dessous de 7000 mètres.

L'air est plus ou moins rare et léger, plus ou moins dense et pesant. La pesanteur de l'air est prouvée par un ballon : un ballon vide se tient en équilibre sur un balance; rempli d'air, il baisse. Cette pesanteur varie selon l'élévation. Dans une plaine, l'air pèse sur le corps humain comme un poids de 15,000 kilogrammes. Puisqu'il pèse de tous les côtés, même intérieurement, les différentes pressions se détruisent et on ne les sent pas. Sans la pression de l'atmosphère, l'air intérieur, n'étant plus contenu, ferait éclater le corps humain comme un ballon qui se déchire en tout sens. On a calculé que la masse entière de l'atmosphère pèse cinq quintillions de kilogrammes.

Au niveau de la mer, l'air pèse quinze livres sur chaque pouce carré de la surface de la terre, et cette pression fait monter le mercure dans le tube du baromètre à la hauteur de 75 centimètres, environ trente pouces. Dans les régions élevées, la pression diminuant à mesure qu'on monte, le mercure descend en proportion. Il baisse d'un dixième de pouce pour 30 mètres d'élévation, et chaque degré d'abaissement devient une mesure de la hauteur à laquelle on est parvenu soit dans un ballon, soit sur une montagne.

QUESTIONNAIRE.

Décrivez les principales fonctions de l'atmosphère.

Donnez la définition et l'étymologie du mot *atmosphère* et la définition du mot *éther*.

Quelle est la hauteur présumée de l'atmosphère?
Quelle est la couleur de l'air? — Dans quel état paraît-il bleu? — Rouge?
Quelles sont les propriétés les plus remarquables de l'air? — Quel rôle jouent-elles?
Quelle est la diminution de la pression de l'air à 2500 mètres de hauteur? — A 5000 mètres? — A 9000 mètres?
Quel est l'effet de la diminution de l'air sur l'homme?
Indiquez les résultats des observations de M. Glaisher.
Comment prouve-t-on la pesanteur de l'air? — Quel en est le poids au niveau de la mer?
Dans quelle proportion la pesanteur de l'air diminue-t-elle selon la hauteur?
Comment calcule-t-on la hauteur où l'en est parvenu dans un ballon ou sur une montagne?

---

§ 2. Chaleur. — Ballons. *Thermomètre.* — Effet de la hauteur. — Causes de la chaleur. — Latitude. — Chaleur du jour et de l'été. — Altitude. — Ascension de M. Glaisher. — Exposition des lieux. — Inégale distribution de la chaleur sur la terre et sur la mer. — Climats continentaux et climats insulaires. — Courants maritimes et atmosphériques.

Si la pression diminue le volume de l'air, la chaleur le dilate, en augmente le volume et le rend plus léger, puisque les ballons s'élèvent quand ils sont gonflés d'air chaud. Cette dilatation sert à mesurer la chaleur. On emploie un instrument, appelé *thermomètre* (de *thermos*, chaud, et *métron*, mesure), qui se compose d'un tube de verre fermé par le haut et terminé par un récipient contenant du mercure. Ce mercure, dilaté par la chaleur, s'élève plus ou moins haut dans le tube gradué.

C'est l'air qui transmet à la terre la chaleur du soleil. Les couches inférieures, étant plus comprimées et par conséquent plus denses, en absorbent davantage et sont plus chaudes. L'air des régions supérieures, étant moins comprimé et plus rare, absorbe moins de chaleur et il est plus froid. Dans la zone torride, l'air qui est très-rare, n'absorbe qu'un tiers de la chaleur solaire, et deux tiers arrivent à la terre. Un peu au delà des tropiques, la terre ne reçoit que la moitié de la chaleur du soleil. Les zones tempérées et les zones glaciales en reçoivent de moins en moins, à mesure qu'on s'éloigne davantage de l'équateur.

Les rayons solaires laissent donc dans l'atmosphère une partie de leur chaleur; et plus l'air est dense, plus cette perte est grande. Ainsi s'expliquent la chaleur du jour et celle de l'été. Pendant la matinée et l'après-midi, les rayons du soleil traversent une atmosphère plus dense qu'à midi et il fait moins chaud qu'au milieu de la journée. A midi, le soleil étant plus élevé au dessus de l'horizon, ses rayons traversent une atmosphère plus rare et perdent moins de chaleur; aussi nous avons plus chaud. De même, en été, le soleil est plus élevé au-dessus de l'horizon qu'en toute autre saison, et il fait plus chaud. Cependant midi n'est pas le moment le plus chaud de la journée, ni le 21 juin le jour le plus chaud de l'année. Quoique, à partir de midi, le soleil commence à descendre vers l'horizon et que la chaleur aille en diminuant, la terre reçoit encore plus de chaleur qu'elle n'en perd par le rayonnement. Vers les deux heures en été, et vers une heure en hiver, la perte de la chaleur devient égale au gain. C'est le moment le plus chaud. A partir de cette heure-là, la terre perd plus de chaleur par le rayonnement qu'elle n'en reçoit du soleil, et la température va en se refroidissant de plus en plus jusqu'à la nuit. Le moment le plus froid se trouve une demi-heure avant le lever du soleil, un peu après six heures du matin en hiver et entre trois et quatre heures du matin en été.

C'est aussi l'élévation du soleil au-dessus de l'horizon, jointe à la durée du jour, qui fait que nous avons les jours les plus chauds au commencement de juillet, et les plus froids au commencement de janvier. A partir du 21 juin, qui est le jour le plus long et celui où le soleil est le plus haut à midi, la durée du jour et l'élévation du soleil commencent à diminuer, et la terre reçoit moins de chaleur. Mais, comme elle en reçoit encore plus qu'elle n'en perd par le rayonnement, la température continue d'augmenter jusqu'aux premiers jours de juillet, qui sont les plus chauds de l'année. A partir de là, la quantité de chaleur va toujours en diminuant, et cette diminution continue après le 21 décembre, qui est le jour le plus court et celui où le soleil est le plus bas, et elle ne s'arrête que dans la première quinzaine de janvier. C'est le temps le plus froid de l'année.

L'élévation du soleil au-dessus de l'horizon est donc la principale cause de la chaleur terrestre. Plus le soleil s'élève au-dessus d'une partie du globe, plus cette partie est échauffée. Comme les rayons solaires tombent verticalement à midi sur la zone torride, cette zone est plus chaude que le reste de la terre. La chaleur diminue à mesure qu'on s'éloigne de l'équateur. Les rayons du soleil, tombant obliquement sur les deux zones tempérées, les échauffent moins, et ils échauffent encore moins les deux zones glaciales.

Après l'élévation du soleil au-dessus de l'horizon, c'est l'altitude, c'est-à-dire l'élévation d'un lieu au-dessus du niveau de la mer, qui affecte le plus sa température. Ainsi, qu'on s'éloigne de l'équateur ou qu'on monte sur une montagne, la température diminue, et les conditions vitales changent pour les plantes et pour les animaux. Les montagnes donnent tous les climats, comme on les trouve en allant de l'équateur vers les pôles. Sous l'équateur, on a un été perpétuel au pied de la montagne ; à 3000 mètres, c'est le climat tempéré de la France, et à 6000 mètres, c'est celui de la zone glaciale. Comme il faut tenir compte de la sécheresse de l'air, de son humidité, des vents chauds ou froids, il est impossible de déterminer exactement la loi de la décroissance de la température suivant la hauteur. M. Glaisher a calculé que la chaleur diminue d'un degré pour 100 mètres d'élévation au-dessus de la surface de la terre, et d'un degré pour 300 mètres d'élévation, à partir d'une hauteur de 1000 mètres. Au delà, la diminution n'est pas proportionnelle à l'élévation. Dans son ascension de 1863, la température de l'air étant de 50° Fahrenheit (10° centigrade) à la surface de la terre, M. Glaisher trouva 33° F. (0°,56 cent.) à 1600 mètres d'élévation, 26° F. (— 3°,33 cent.) à 3200 mètres, 14° F. (— 10° cent.) à 4800 mètres, 8° F. (— 13°,33 cent.) à 6000 mètres. Là il rencontra un courant d'air chaud et la température s'éleva à 12° F.

(— 11°,11 cent.). Il monta au-dessus de ce courant et la température descendit à 0° F. (— 17°,78 cent); il était à 7200 mètres d'élévation.

A ces deux causes qui modifient le climat il faut ajouter l'exposition des lieux, qui produit une grande différence dans la température à la même latitude. Ainsi la Lombardie, protégée par les Alpes contre les vents du Nord, jouit d'un climat chaud et très-fertile, tandis que la Suisse est froide et produit à peine de quoi nourrir ses habitants. On peut faire la même comparaison entre la Hongrie, abritée par les monts Carpathes, et la Pologne, exposée aux vents glacials du Nord. C'est à son exposition que la Sibérie doit son rigoureux climat. Bornée de trois côtés par des montagnes, elle ne participe point à l'échange de chaleur qui se fait entre la zone torride et la région polaire; les vents de l'Ouest, du Sud et de l'Est sont forcés de s'élever, de se refroidir et de déposer leur humidité, et ils lui arrivent secs et froids. Iakoutsk, sur la Léna, capitale de la Sibérie orientale, est peut-être la ville la plus froide du monde. Le vent, qui renouvelle sans cesse l'air en contact avec le corps, et qui enlève plus de chaleur que l'air calme, achève de rendre ce climat insupportable.

Outre la latitude, l'altitude et l'exposition des lieux, l'inégale distribution de la chaleur solaire sur la terre et sur la mer exerce une grande influence sur la température et sur les climats. La terre absorbe une partie de la chaleur du soleil et laisse le reste se perdre dans l'atmosphère. L'absorption dépend de la couleur et de la nature du sol : un sol foncé, sablonneux, sec, absorbe plus de chaleur qu'un sol blanc, humide, granitique. Le rayonnement, c'est-à-dire la déperdition de la chaleur, dépend de l'état de l'atmosphère, sèche ou humide, claire ou nuageuse. Les nuages et l'humidité s'opposent au rayonnement, comme le ferait un écran placé devant une cheminée.

La chaleur qui tombe sur la mer est plus absorbée et rayonne moins. Elle pénètre profondément et s'amasse dans l'intérieur comme dans un réservoir. La surface de la mer est donc moins échauffée que celle de la terre pendant le jour et pendant l'été. D'un autre côté, la mer se refroidit moins pendant la nuit et pendant l'hiver, parce que les gouttes de la surface s'enfoncent dès qu'elles sont plus froides que celles qui les supportent et qui les remplacent.

La terre et la mer sont donc différemment affectées par la chaleur solaire ; de là une grande différence entre les climats maritimes et les climats continentaux. Le climat des îles et des côtes occidentales de l'Europe est plus doux, moins chaud en été, moins froid en hiver, que le climat de l'Europe orientale. Aussi les îles Britanniques ont un climat moins variable que l'intérieur de la Russie, dont le climat est excessif, très-chaud pendant l'été et très-froid pendant l'hiver.

L'inégale distribution de la chaleur dans la mer produit les courants maritimes, qui ont une grande influence sur les climats et par conséquent sur les conditions vitales des plantes, des animaux et des hommes. Grâce aux courants, les côtes occidentales de la France sont beaucoup plus chaudes que les côtes orientales du Canada et des États-Unis, qui ont la même latitude.

QUESTIONNAIRE.

Quel effet la chaleur produit-elle sur un volume d'air ?

A quoi sert la dilatation de l'air ? — Donnez la définition et l'étymologie du mot *thermomètre*.

Dans quel état l'air absorbe-t-il le plus de chaleur ?

Expliquez la chaleur du jour et celle de l'été.

Quel est l'heure de la journée et le jour de l'année où il fait le plus chaud ? — Le plus froid ?

Quelle est la principale cause de la chaleur terrestre ?

Quelle est l'influence de l'altitude sur la température d'un lieu ?

A quelle hauteur trouve-t-on le climat de la France sur les Andes de l'équateur ?

Pourquoi est-il difficile de déterminer la loi de la diminution de la température selon la hauteur ?

Quelle est l'influence de l'exposition d'un lieu sur sa température, son climat, sa végétation ?

Pourquoi la Hongrie a-t-elle un climat plus chaud que la Pologne, à latitude égale ?

Pourquoi la Sibérie est-elle le pays le plus froid ?

Expliquez les causes de l'inégale distribution de la chaleur solaire sur la terre et sur la mer.

Quelle est l'influence de cette inégalité sur le climat ? — Sur la mer ?

D'où dépendent l'absorption et le rayonnement de la chaleur ?

§ 3. Courants atmosphériques ou vents. — Vents alizés. — Zone des calmes. — Moussons. — Brises de terre et de mer. — Vents Étésiens. — Vents variables. — Vitesse du vent. *Anémomètre.* — **Influence du vent.**

La différence de température de l'air produit des courants atmosphériques ; ce sont les vents, qu'on a définis de « l'air en mouvement. » Le mouvement de l'air est soumis à une loi physique. Toutes les fois que l'air est échauffé dans un lieu, il s'élève, et l'air des lieux voisins va le remplacer et rétablir l'équilibre. Ainsi, quand on allume du feu dans une cheminée, l'air s'échauffe, devient plus léger, et s'élève même au-dessus du toit. Aussitôt l'air froid de la chambre va combler le vide. De même, si dans une chambre plus chaude que l'escalier, on place une bougie allumée au haut d'une porte entr'ouverte, la flamme sort; c'est l'air chaud qui la pousse en sortant de la chambre. Placez la bougie au bas de la porte, la flamme entre; c'est l'air froid qui la pousse en entrant dans la chambre. A un courant supérieur d'air chaud correspond toujours un courant inférieur d'air froid.

Le même phénomène arrive entre deux contrées dont l'une est plus chaude que l'autre. L'air du pays le plus chaud s'élève et forme un courant supérieur, et l'air du pays le plus froid va prendre sa place et forme un courant inférieur. C'est ainsi que l'air de la zone torride, échauffé par un soleil ardent, s'élève dans les régions supérieures et de là se dirige vers les pôles, tandis que l'air polaire, plus froid et plus lourd, se porte vers l'Équateur pour remplir le vide. Telle est la cause des courants supérieurs qui vont de l'Équateur vers les deux pôles, et des courants inférieurs qui vont des pôles vers l'Équateur. Comme la même cause existe toujours, ces vents soufflent constamment, et on les appelle *alizés*, d'un vieux mot français qui veut dire *unis, réguliers*.

Si la terre était immobile, les vents polaires souffleraient directement vers l'Équateur, l'un du Nord au Sud, l'autre du

Sud au Nord. Mais à cause de la rotation de la terre, l'air à l'Équateur tourne plus vite qu'aux pôles, comme le clou d'une roue tourne plus vite sur la bande que sur le moyeu. Aux pôles, la terre ne fait que pirouetter sur son axe en vingt-quatre heures; à 80 degrés de latitude, elle parcourt déjà 280 kilomètres à l'heure; à Paris et à Londres, elle fait 1000 kilomètres, et à l'Équateur elle a une vitesse de 1600 kilomètres à l'heure. Les courants polaires, en passant d'une latitude où le mouvement est lent dans une latitude où il est plus rapide, n'acquièrent pas tout d'un coup cette rapidité; ils avancent plus lentement vers l'orient que les points de la surface du globe qui sont au-dessous d'eux, et ils dévient graduellement vers l'occident; et l'on a ainsi un vent nord-est dans l'hémisphère septentrional, et un vent sud-est dans l'hémisphère méridional. Ces deux vents se réunissent vers l'Équateur; ils se neutralisent, se confondent et forment un grand courant régulier qui souffle de l'Est à l'Ouest. C'est ce courant inférieur qu'on appelle le *vent alizé.*

Le lieu voisin de l'Équateur où les deux courants polaires se réunissent et se neutralisent est la *zone des calmes*, ainsi nommée parce que l'air y est plus souvent dans un état d'équilibre que dans toute autre région du globe. Cette zone occupe la partie la plus échauffée et se déplace avec le soleil; elle est tour à tour au nord et au sud de l'Équateur, selon les saisons.

La rotation de la terre fait aussi dévier le double courant d'air chaud qui s'élève de la zone torride et qui se dirige vers les deux pôles. En s'éloignant de l'Équateur, ces deux courants arrivent dans des régions où la rapidité du mouvement de la surface terrestre diminue de plus en plus. Comme ils conservent leur rapidité, ils vont plus vite vers l'orient que les parties de la terre qui sont au-dessous d'eux; ils dévient graduellement vers l'orient et ils deviennent ainsi des vents qui soufflent du Sud-Ouest dans l'hémisphère septentrional et du Nord-Ouest dans l'hémisphère méridional. Ce vent perd de sa chaleur en s'avançant vers le Nord, et il baisse peu à peu. Vers le 30e degré de latitude, il est déjà descendu presque à la surface du sol. En France, il souffle tout à fait à la surface.

Pour prouver comment ces deux grands courants dévient l'un vers l'Est, l'autre vers l'Ouest, on fait tourner rapidement sur lui-même un globe suspendu sur lequel est répandu un liquide coloré.

Cette déviation du vent est prouvée par la direction où il porte les cendres de certains volcans. En 1812, les cendres d'un volcan de l'île de Saint-Vincent furent portées dans l'île de la Barbade, située à 100 kilomètres au Nord-Est; et en 1835, celles du volcan de Coséguina, près du lac Nicaragua, allèrent tomber dans l'île de la Jamaïque, qui est à plus de 800 kilomètres au Nord-Est. Le courant souffle donc du Sud-Ouest vers le Nord-Est. Une preuve encore plus évidente est fournie par le pic de Ténériffe. Au bas de la montagne souffle un vent Nord-Est, c'est le courant polaire. Ensuite vient une région calme. A 2500 mètres de hauteur, souffle un vent violent du Sud-Ouest; c'est le courant équatorial. La région calme sépare ces deux courants, qui soufflent en sens contraire.

Les vents alizés sont donc produits par l'inégale distribution de la chaleur sur le globe, et leur direction est due à la rotation de la terre sur elle-même.

Ces deux vents, qui dominent tour à tour dans nos pays, ont une grande influence sur la température, sur l'humidité et la sécheresse, sur le beau et le mauvais temps. Le vent du Nord-Est, qui vient à travers la Sibérie, la Russie et l'Allemagne, est sec et froid, et il est nuisible aux poitrines délicates; il apporte un air lourd et le baromètre monte. Quand il rencontre le courant du Sud-Ouest, qui est chaud et humide, il lui emprunte une partie de sa chaleur et de son humidité et il dissipe les nuages. En hiver, il produit un temps clair et froid; en été, il diminue la chaleur. Le vent du Sud-Ouest, qui nous arrive à travers l'Atlantique, est chaud, humide et léger, et le baromètre descend. Lorsque dans sa marche il rencontre un air plus froid, il le condense et le ciel se couvre de nuages; en été il pleut, en hiver il pleut ou il neige, selon le degré de froid.

Si le vent du nord-est souffle longtemps, il nuit à la récolte par sa sécheresse, tandis que le vent humide et chaud du sud-ouest nous apporte une pluie bienfaisante. Mais la prédominance prolongée du vent du sud-ouest peut amener des pluies qui noient la récolte. Il arrive quelquefois que les côtes de l'océan sont inondées par la pluie et que l'intérieur du continent jouit du beau temps. Ainsi, en 1816 et en 1817, une humidité excessive fit périr les blés dans les contrées méridionales de l'Europe, où le vent du sud-ouest ne cessa de souffler. Ce vent ayant déposé son humidité dans l'ouest, la pluie ne s'étendit pas en Russie, et ce fut le blé russe qui nourrit la France et l'Angleterre. De même, la sécheresse peut être fatale à certaines régions et épargner les autres. En 1846, la récolte périt de sécheresse en Europe, et l'Amérique, qui avait eu beau temps, nous envoya ses blés.

C'est aux vents alizés qu'un grand nombre de régions doivent leur arrosement et leur fertilité. Le vent alizé de l'Atlantique dépose son humidité sur les montagnes de la Guyane et sur la Cordillère des Andes, où prennent leurs sources l'Orénoque, l'Amazone et leurs nombreux affluents. Ce vent redescend sec sur la côte occidentale du Pérou et de la Bolivie, où il ne pleut jamais. L'alizé de la mer des Antilles est attiré par les plaines échauffées du Mexique et des États-Unis; il souffle sur l'Amérique septentrionale et dépose sur les montagnes l'eau du Missisipi, du Missouri et de leurs affluents. Le vent alizé reprend de l'humidité dans l'Océan Pacifique et va la déposer sur les montagnes de l'Indo-Chine, où le Mékong et le Ménam ont leurs sources. Le vent alizé de l'Océan Indien porte la sienne sur les montagnes de l'Afrique orientale, d'où descendent les affluents du Nil.

Le vent alizé de l'Océan Indien éprouve une déviation qui, de constant, le rend périodique, et il prend le nom de *mousson*, mot arabe ou malais qui signifie *saison*. Cette déviation est due à l'influence des continents voisins.

Pendant les six mois où le soleil est perpendiculaire sur la partie de la zone torride située au sud de l'équateur, du

21 septembre au 21 mars, le sud de l'Afrique est beaucoup plus chaud que le sud de l'Asie. Alors, l'air plus froid de l'Asie se précipite du nord-est vers le sud-ouest; c'est la mousson du nord-est, qui souffle depuis le mois d'octobre jusqu'au mois d'avril. Quand le soleil est perpendiculaire au nord de l'équateur, du 21 mars au 21 septembre, les vastes plaines de l'Asie sont plus échauffées que le sud de l'Afrique et que la surface de l'Océan Indien. Alors, l'air plus froid de la mer et de l'Afrique méridionale se précipite du sud-ouest vers le nord-est et dépose son humidité sur les montagnes de l'Indoustan, qui produisent le Gange et plusieurs autres fleuves considérables. C'est la mousson du sud-ouest, qui souffle depuis le mois d'avril jusqu'au mois d'octobre.

Le changement de direction s'annonce par des perturbations de l'atmosphère, et produit de violentes tempêtes et ces terribles ouragans connus sous les noms de trombes, de typhons et de cyclones. Les mêmes perturbations ont lieu dans l'archipel de la Sonde, qui est exposé aux moussons de l'Océan Indien et aux vents alizés de l'Océan Pacifique.

Les brises de terre et de mer sont aussi des vents périodiques ; elles sont causées par l'inégale répartition de la chaleur entre la terre et la mer. Pendant le jour, la terre, où les rayons solaires pénètrent moins que dans la mer, s'échauffe davantage, et l'air échauffé par le rayonnement devient plus léger et s'élève. Aussitôt, l'air de la mer, qui est plus froid et plus lourd, se précipite vers la terre pour remplir le vide; c'est la *brise de mer*, qui souffle le matin et le jour. Pendant la nuit, la mer se refroidissant moins par le rayonnement, l'air est plus chaud, plus léger, et il s'élève. L'air de la terre, plus froid et plus pesant, se précipite vers la mer pour rétablir l'équilibre; c'est la *brise de terre*, qui souffle le soir et la nuit. Plus la température est inégale entre la terre et la mer, plus la brise est forte. Les vaisseaux à voiles mettent à profit la brise de mer pour entrer dans le port et la brise de terre pour en sortir.

Outre les moussons et les brises de terre et de mer, il y a

un autre vent périodique, appelé *étésien*, d'*étos*, année, qui est produit par la différence de température entre la Méditerranée et le Sahara. En été, le Sahara s'échauffe beaucoup plus que la Méditerranée, et l'air plus froid de la Méditerranée se précipite vers l'Afrique. En hiver, le Sahara se refroidit beaucoup plus par le rayonnement que la Méditerranée, et l'air du Sahara se précipite vers la Méditerranée. Le rayonnement produit dans le Sahara, où l'atmosphère est très-rare, un refroidissement excessif. Une journée brûlante est souvent suivie d'une nuit glaciale.

Les deux principaux vents du globe, l'un variant entre le sud et l'ouest, l'autre entre le nord et l'est, sont souvent en conflit dans les zones tempérées et produisent des vents variables, dont la direction est modifiée par l'inégale distribution de la terre et de l'eau, par l'irrégularité de la surface terrestre, la nature du sol, le voisinage des côtes, des montagnes et des plateaux, et par une foule d'autres causes locales qui rendent la question très-compliquée. Chaque pays a des vents qui varient de direction, de force et de durée, et qu'on ne peut assujettir à aucune loi certaine. En Provence souffle un vent rapide et sec du nord-ouest, appelé le *mistral* ou le maître, à cause de sa violence ; c'est le vent du nord qui, arrêté par les Alpes, s'engouffre dans la vallée du Rhône. En Italie et en Sicile, on a un vent chaud du sud-est, appelé *sirocco*, qui est le vent chaud du Sahara, tempéré par son passage sur la Méditerranée ; il prend le nom de *föhn*, quand il arrive dans les régions de l'Apennin et sur les Alpes, où il fond la neige plus vite que ne le ferait le soleil. L'Espagne a le *solano* (de *sol*, soleil), vent du sud-ouest, qui, comme le sirocco, vient du Sahara, et le *gallego*, qui souffle du nord-est et qui est le vent du nord dévié. Le *harmattan*, vent sec et chaud du Sénégal et de la Guinée, souffle trois ou quatre fois pendant chaque saison de l'intérieur de l'Afrique vers l'océan Atlantique. Les déserts de l'Arabie et de l'Afrique sont bouleversés par le brûlant *simoun*, qui souffle du sud et qui ensevelit des caravanes entières sous des montagnes de sable. En Egypte, on lui donne le nom de *khamsin*, qui veut dire *cinquante*, parce qu'il souffle pendant 50 jours, 25 jours avant et 25 jours après l'équinoxe de printemps. Le vent le plus connu de l'Amérique méridionale est le *pampéro*, vent violent qui souffle du sud-ouest dans les pampas de la Plata.

Un des caractères les plus remarquables du vent est sa vitessse, qui varie de 4 à 160 kilomètres à l'heure. Le vent qui fait 4 kilomètres à l'heure est à peine sensible.

Un vent modéré fait	7	kil. par heure.
Un vent qui tend les voiles	20	—
Un vent qui fait serrer les voiles . . .	40	—
Un vent impétueux	80	—
Un vent qui cause une grande tempête.	100	—
Un ouragan ordinaire	130	—
Un ouragan destructeur.	160	—

Pour déterminer la vitesse et la direction du vent, on se sert d'un instrument appelé *anémomètre* (d'*anémos*, vent, et de *métron*, mesure) ; c'est une espèce de girouette perfectionnée. Un vent violent met 10 jours à traverser l'Europe. On peut donc prédire l'arrivée d'une tempête qui a éclaté dans un lieu plus ou moins éloigné, et dont le télégraphe annonce l'existence, et cet avertissement commence à rendre de grands services à la navigation. Depuis quelques années, un service météorologique existe en France, en Angleterre et aux États-Unis, pour observer les mouvements atmosphériques et prévenir de leur marche les points menacés des côtes.

En 1854, pendant la guerre de Crimée, une tempête effroyable bouleversa la mer Noire et causa de sérieux dommages aux flottes anglaise et française. Cette tempête, qui éclata sur l'Angleterre le 11 novembre, était à Vienne le lendemain, à l'embouchure du Danube le surlendemain, et elle arriva en Crimée le 14 novembre. Il lui fallut donc quatre jours pour aller de Londres en Crimée. Si les flottes avaient été prévenues par le télégraphe, elles auraient pu prendre des mesures pour se mettre à l'abri de la tempête.

Les vents exercent une grande influence sur les climats. Ils transportent l'air humide et chaud de la mer dans les terres, d'un pays dans un autre; ils amènent la pluie, qui arrose et fertilise le sol et qui alimente les sources, les fleuves et les lacs. Sans le vent, la végétation serait impossible sur la plus grande partie du globe; l'intérieur des continents, privé de pluie, se changerait en déserts arides. Les vents contribuent beaucoup à la salubrité de la terre : ils renouvellent l'air, ils emportent et disséminent dans l'espace les émanations malsaines et les miasmes pestilentiels et remplacent une atmosphère viciée par un air frais et bienfaisant. Les vents facilitent la navigation et le commerce; c'est grâce aux vents du sud-ouest que les vaisseaux à voiles arrivent de New York à Liverpool en vingt-trois jours, tandis qu'il leur en faut quarante pour aller de Liverpool à New York.

QUESTIONNAIRE.

Expliquez la cause des mouvements de l'atmosphère?

Quelle est la loi physique de ces mouvements? — Comment prouve-t-on cette loi?

Expliquez la cause des vents alizés et leur direction.

Où est la zone des calmes? — Cette zone est-elle stationnaire?

Comment les vents du Sud deviennent-ils des vents du Sud-Ouest?

Comment ces vents baissent-ils et soufflent-ils en France à la surface du sol? Donnez des preuves de leur déviation.

Quelle est sur le climat l'influence du vent Nord-Est, du vent Sud-Ouest?

Quelle est la cause de la déviation du vent alizé dans l'Océan Indien?

Quelle est l'influence des moussons sur l'arrosement de l'Asie et de l'Afrique?

Quels phénomènes annoncent le changement de direction des moussons?

Expliquez les brises de terre et de mer. — Le vent étésien.

Quelles sont les causes des vents variables? — Nommez les principaux.

Où souffle le mistral? — Le sirocco? — Le simoun? — Le pampéro?

Indiquez la vitesse de quelques vents. — Comment la mesure-t-on?

Comment peut-on prédire l'arrivée d'une tempête?

Indiquez le rôle que joue le vent sur le climat, sur la végétation, sur l'arrosement, sur la salubrité d'un lieu, sur la navigation.

§ 4. **Humidité de l'air.** *Hygromètre.* — **Rosée.** *Drosomètre.* — **Brouillards. — Nuages. — Phénomènes électriques. — Pluie. Distribution de la pluie sur le globe. Causes modifiant la pluie. — Neige. Ligne des neiges perpétuelles. — Influence de la neige.**

Aux vents sont intimement unis les phénomènes de la rosée, de la pluie, de la neige, de la grêle, qui ont une grande influence sur les climats. L'air ne cesse d'absorber de la vapeur d'eau, qu'il reçoit de la mer, des lacs, des fleuves, du sol humide. Pour s'en convaincre, il suffit de placer de l'eau sur une assiette exposée à l'air ; cette eau diminue par l'évaporation et disparaît peu à peu ; elle se change en vapeur invisible et se mêle à l'air. Plus l'air est chaud, plus il est propre à absorber l'eau. Ainsi, l'atmosphère de la zone torride contient une bien plus grande quantité d'eau que celle de notre pays ; et, en été, l'atmosphère de notre pays contient six fois plus d'eau qu'en hiver. Aussi, les pluies sont plus abondantes dans la zone torride que dans les zones tempérées ; et, dans nos climats, les pluies d'été sont plus abondantes que celles d'hiver. L'air des zones glaciales, qui est très-froid, contient fort peu de vapeur d'eau. Pour déterminer la quantité d'humidité contenue dans l'air, on emploie un instrument appelé *hygromètre*, d'*hygros*, humide, et *métron*, mesure.

Quand la vapeur d'eau contenue dans l'air se condense par le froid, elle devient visible sous la forme de rosée, de brouillards, de nuages, de pluie, de grêle, de neige.

La rosée est l'humidité de l'air déposée sur la terre, quand la terre est plus froide que l'atmosphère. Pendant la nuit, la terre se refroidit plus que l'air, qui rayonne moins et qui perd moins de chaleur. Un thermomètre placé dans l'herbe marque une température plus froide de 7 à 8 degrés qu'un thermomètre placé à deux mètres du sol. L'air du sol se refroidit donc plus que les couches plus élevées ; et quand le refroidissement arrive à un certain degré, l'humidité de l'air se condense et forme la rosée, comme l'haleine soufflée contre une vitre froide la couvre d'humidité.

Ainsi, la rosée ne tombe pas du ciel, et elle ne sort pas du sol ; l'air qui la contenait en vapeur la dépose sur le gazon sous la forme de gouttelettes liquides.

La rosée est d'autant plus forte que la différence de température est plus grande. L'humidité et la sérénité de l'atmosphère ont une grande influence sur la rosée. Une nuit claire et calme est plus favorable à la rosée qu'une nuit nuageuse et orageuse. Dans la zone torride, où l'air est humide et rare, la rosée est si abondante qu'elle ruisselle des feuilles et mouille l'herbe, comme le ferait la pluie. Si l'on couvre le gazon d'un drap qui empêche la chaleur de s'échapper, il se refroidit très-peu, et il ne se forme point de rosée. C'est ainsi que les nuages, qui s'opposent au rayonnement de la chaleur, diminuent ou arrêtent la formation de la rosée. La rosée dépend encore de la couleur des corps. Les corps de couleur sombre se refroidissent plus vite que les corps de couleur claire. Aussi, la terre noire et le gazon vert se couvrent de plus de rosée que les corps blancs. La rosée dépend aussi de la surface et de la nature des substances qui reçoivent l'humidité. Les substances qui perdent promptement leur chaleur et qui acquièrent lentement celle des autres, comme le verre et le gazon, sont plus propres à se mouiller de rosée que des substances comme les rochers, qui perdent lentement leur chaleur et qui acquièrent vite celle des autres. On mesure la quantité de rosée formée pendant la nuit avec un instrument appelé *drosomètre*, de *drosos*, rosée, et de *métron*, mesure.

Dans les pays chauds, la rosée sauve la végétation pendant les longues sécheresses de l'été. Chaque matin, les plantes, refroidies par la fraîcheur de la nuit, se couvrent de gouttelettes d'eau et peuvent de nouveau braver les ardeurs du soleil. Grâce à la rosée, des contrées qui, faute de pluie, seraient stériles, deviennent fertiles et produisent une abondante végétation.

Quand la température de la terre descend, pendant la nuit, au-dessous du point de congélation, la rosée se gèle et forme la *gelée blanche* ou le *givre*, qui, au printemps, est si nuisible aux jeunes bourgeons et à la végétation naissante.

C'est encore l'humidité de l'air qui produit les brouillards. Pendant la nuit, la surface de la terre se refroidit plus que celle de la mer, des lacs et des fleuves. Quand l'air chaud de l'eau se mêle à l'air froid de la terre, son humidité se condense et forme un brouillard qui enveloppe la terre d'un voile grisâtre. Les brouillards sont fréquents sur les bords de la mer et des fleuves, et sur les montagnes. Dans les contrées où le sol est humide et chaud et où l'air est humide et froid, il y a souvent des brouillards. C'est ce qui arrive en Angleterre, dont les côtes, baignées par les eaux de l'Océan Atlantique, sont plus chaudes que l'air du pays. Le même phénomène a lieu dans le voisinage de Terre-Neuve, dont l'air est plus froid que les eaux du Gulf-Stream. Les brouillards y sont quelquefois si épais, qu'on ne se voit pas d'un bout d'un vaisseau à l'autre.

Les brouillards, qui exhalent souvent une odeur fort désagréable, surtout quand ils sont épais, exercent une heureuse influence sur le climat; ils l'empêchent de se refroidir.

Quand l'air chaud du sol s'élève dans les régions supérieures de l'atmosphère et qu'il y trouve une température plus froide, il se refroidit; la vapeur d'eau qu'il contient se condense et devient visible sous la forme d'un nuage. Les nuages sont donc des brouillards élevés à une certaine hauteur. Dans les ascensions, les ballons traversent les nuages sans éprouver plus de résistance qu'on n'en rencontre sur la terre en marchant au milieu d'un brouillard. Les nuages varient sans cesse de couleur, de forme, de grandeur. Leur couleur dépend de la lumière solaire qu'ils réfléchissent : le dessus est blanc de neige, parce qu'il est éclairé; le dessous, qui est peu éclairé, nous paraît sombre et noir.

On divise les nuages en trois catégories : les nuages de pluie, qui n'ont qu'une hauteur moyenne de 1000 mètres; les nuages de neige, qui s'élèvent de 4000 à 8000 mètres, et les nuages de glace, qui atteignent une hauteur de 8000 à 12,000 mètres.

C'est aux nuages que nous devons les phénomènes électriques. L'électricité est une force physique, dont la nature nous est inconnue, comme celle de la chaleur, de la lumière, de l'attraction, et qui appartient à un fluide très-subtil. La terre, la mer et l'atmosphère sont des réservoirs de fluide électrique, entre lesquels il y a des échanges perpétuels. Quand l'électricité s'amoncelle et se condense dans un nuage de manière à le saturer, elle se précipite sur un nuage voisin ou sur un point du sol. Au moment où le phénomène se produit, une étincelle de lumière électrique franchit instantanément la distance qui sépare les deux points, et elle ébranle à la fois toutes les couches d'air qu'elle traverse. Cette étincelle est l'*éclair*. L'électricité va plus vite que la lumière, qui cependant fait 300,000 kilomètres par seconde. Comme le son ne parcourt que 337 mètres par seconde, le bruit que l'éclair fait dans chaque couche d'air ne nous arrive que successivement, et la différence des distances produit les variations de l'intensité du tonnerre, ses roulements et ses éclats. On entend le bruit au bout d'une seconde, si l'orage est éloigné de 337 mètres au bout de deux secondes, s'il est à 674 mètres; au bout de quatre secondes, s'il est à 1348 mètres, et au bout de dix secondes, s'il est à une distance de 3370 mètres. On peut dont facilement calculer la distance de l'orage, d'après le nombre de secondes écoulées entre l'éclair et le premier bruit du tonnerre.

Les nuages n'exercènt une influence sur le climat que lorsqu'ils se résolvent en pluie, en neige, en grêle. La pluie est un nuage refroidi qui se résout en eau; la neige est de la pluie qui se gèle en hiver, quand la température de l'air descend au-dessous du point de congélation; et la grêle est de la pluie qui se gèle en été, lorsqu'en tombant elle traverse des couches d'air froid.

Nous avons vu que l'atmosphère s'imbibe d'eau sur l'Océan. Comment cette vapeur invisible se condense-t-elle pour retomber en pluie? Ce phénomène dépend de l'état de l'air. Un volume déterminé d'air, à une température donnée, possède la propriété de recevoir une certaine quantité de vapeur invisible. Quand il contient toute l'humidité qu'il peut recevoir, on dit qu'il est *saturé*. S'il s'échauffe, il pourra en contenir davantage; mais s'il se refroidit, il deviendra moins capable de conserver sa vapeur d'eau; une partie de cette vapeur se condensera et tombera en gouttelettes, comme une éponge remplie d'eau en laisse tomber une certaine quantité, si on la serre avec la main. Le refroidissement fait sur l'air, chargé d'humidité, le même effet que la pression sur l'éponge remplie d'eau.

Ainsi, quand les vents chauds et humides de l'Atlantique rencontrent, dans leur marche vers le nord, l'air plus froid des régions tempérées, ils se refroidissent et ils ne peuvent plus contenir la même quantité d'humidité. Une partie de cette humidité se condense en nuages et tombe en pluie.

De même, quand les vents humides rencontrent un obstacle, comme une montagne, ils sont forcés de s'élever et ils se mettent en contact avec un air plus froid, qui condense leur humidité et en fait tomber une partie. Telle est la théorie de la pluie. Voyons comment elle agit dans les trois différentes zones de climats.

Dans la zone torride, le courant ascendant emporte une énorme quantité d'humidité dans les régions supérieures de l'atmosphère; il s'y refroidit au contact d'un air plus froid et la pluie tombe en torrents. Ce phénomène arrive quand le soleil est au Zénith d'un lieu. L'air devient alors si saturé d'humidité que la nature est dans une espèce de bain à vapeur, qui énerve les hommes, mais qui donne à la végétion une vigueur inconnue dans nos contrées. Dès que le soleil change de place, la pluie diminue, et la saison sèche commence. Comme le soleil passe et repasse d'un tropique à l'autre, tous les lieux de la zone torride ont deux saisons pluvieuses, plus ou moins rapprochées, selon la distance du lieu au tropique. Ainsi dans la zone torride, la pluie est réglée par la chaleur solaire.

Dans l'Indoustan, la pluie dépend des moussons. La côte

de Malabar a sa saison pluvieuse pendant la mousson du Sud-Ouest, qui souffle en été, et qui lui apporte l'humidité de l'Océan Indien. La côte de Coromandel, au contraire, reçoit l'humidité du golfe du Bengale, que lui apporte en hiver la mousson du Nord-Est. Ainsi, l'une des deux côtes de la péninsule indienne a sa saison sèche lorsque l'autre a sa saison pluvieuse. Le plateau de Deccan, qui sépare la côte de Malabar de celle de Coromandel, reçoit de la pluie des deux côtés, et il a souvent deux saisons pluvieuses.

La quantité de pluie qui tombe dans la zone torride est énorme, surtout dans certains lieux. La moyenne annuelle de la pluie est de 230 pouces dans la Guyane, — de 276 pouces à Saint-Louis de Maranhao, dans le Brésil, — de 300 pouces à Mahabaleshwar, au sud de Bombay, — de 400 pouces à Sierra Leone, sur la côte de Guinée, — et de 600 pouces, environ 15 mètres, à Cherra-Pongee, sur les monts Khasia, à l'est du Bengale ; c'est la région la plus pluvieuse du monde. Ces pluies torrentielles et périodiques expliquent les débordements périodiques des fleuves de la zone torride.

A mesure qu'on s'éloigne des tropiques et qu'on s'avance dans les zones tempérées, l'air devient de moins en moins chaud, et de moins en moins capable de contenir l'humidité; il pleut moins et les pluies sont irrégulières comme les vents. Il en tombe encore moins dans les zones glaciales, où l'air plus froid est peu propre à contenir de l'humidité.

Plusieurs causes contribuent à modifier cette loi générale de la pluie. Les principales sont l'étendue des continents et leur situation par rapport à la mer, la direction des chaînes de montagnes et leur position par rapport aux vents humides.

Il pleut beaucoup plus dans les régions maritimes que dans l'intérieur des continents. Les vents, forcés de s'élever par les côtes de la mer, y déposent leur humidité. A mesure qu'ils pénètrent dans l'intérieur des terres, ils deviennent de plus en plus secs, et la pluie va en diminuant. Ainsi la moyenne annuelle de la pluie est de 40 pouces en Irlande, de 32 pouces dans les îles Britanniques, de 25 pouces dans l'ouest de la France, de 22 pouces dans l'est, de 20 pouces dans l'Allemagne centrale, de 17 en Hongrie, de 14 dans la Russie orientale et de 12 à Barnaul sur l'Obi, en Sibérie.

De même, quand les vents humides sont arrêtés par une montagne et forcés de s'élever, ils se refroidissent et déposent leur humidité. Lorsqu'ils descendent sur le versant opposé, ils sont secs et froids et ils donnent beaucoup moins de pluie. Ce phénomène arrive sur un grand nombre de montagnes, dont un versant est abondamment arrosé, tandis qu'il pleut fort peu sur l'autre. Ainsi le versant occidental de l'Apennin, tourné vers les vents humides de la mer, reçoit 65 pouces d'eau, et il en tombe à peine 26 pouces sur le versant oriental. De même, dans l'angle que les Alpes font au nord-est de la Vénétie, il tombe 90 pouces de pluie sur le versant méridional, tandis que l'autre versant n'en reçoit que 35 pouces. Les monts Scandinaves arrêtent aussi les vents humides de l'Océan Atlantique, qui déposent 82 pouces d'eau sur le versant occidental, tandis que le versant oriental et la Suède n'en reçoivent que 21 pouces. La même cause fait que les vents de l'Océan Indien portent une immense quantité d'eau sur le versant méridional de l'Himalaya, tandis que, de l'autre côté, le plateau du Tibet est connu pour sa sécheresse.

Les plateaux produisent sur la distribution de la pluie le même effet que les montagnes. Ainsi, la vallée du Mondégo, située au pied de la sierra d'Estrella, reçoit 120 pouces de pluie, tandis qu'il en tombe à peine 10 pouces à Madrid, au centre du plateau de Castille. Madrid est la ville de l'Europe où il pleut le moins.

On a fait la même observation sur les collines du Cumberland, qui arrêtent les vents humides de l'Océan Atlantique; il tombe 67 pouces d'eau à Keswick et 120 à Seathwaite, tandis qu'à Durham, la moyenne annuelle de la pluie n'est que de 22 pouces.

Le versant oriental des Andes, tourné vers les vents de

l'Océan Atlantique, est inondé d'eau, tandis qu'il ne pleut jamais sur le versant occidental. Le vent souffle rarement de l'Océan Pacifique vers les côtes arides du Pérou, de la Bolivie et du Chili septentrional.

Quand il n'y avait point d'arbres en Égypte, il n'y pleuvait jamais. Depuis qu'on a fait des plantations dans la Basse-Égypte, l'air arrêté par les arbres s'élève assez pour se refroidir et arroser le pays.

La pluie est donc plus abondante dans les régions chaudes que dans les froides, dans les régions maritimes que dans l'intérieur des terres, et sur les montagnes que dans les plaines.

On mesure la quantité de pluie tombée dans un lieu avec un instrument appelé *pluviomètre* ou *hydromètre.*

Au point de vue des récoltes, l'influence de la pluie dépend moins de la quantité que de la répartition entre les mois de l'année. S'il y a de la sécheresse en mars et en avril, par exemple, les fourrages souffrent, tandis que les pluies d'août et de septembre sont fatales à la vigne.

Nous n'avons pas à parler des *pluies de pierres*, qui sont dues à des trombes, ni des *pluies de sang*, qui sont des taches rougeâtres produites par des poussières ou par des insectes que le vent emporte.

La géographie physique n'a pas non plus à déterminer le temps; c'est l'objet de la météorologie, qu'on a appelée la science du beau temps et de la pluie. Pour connaître toutes les particularités du temps, il faut mesurer la pesanteur de l'air avec le baromètre, sa température avec le thermomètre, son humidité avec l'hygromètre, la quantité de pluie avec le pluviomètre, la direction et la vitesse des vents avec l'anémomètre. Un instrument appelé *météréographe* inscrit seul sur un tableau l'état du baromètre, celui du thermomètre, la durée et la quantité de la pluie, la vitesse et la direction des vents.

La neige, qui est de la pluie gelée, tombe en toute saison sur les hautes montagnes, partout où la température est au-dessous du point de congélation. Plus on est près de l'Équateur, plus haute est la ligne des neiges perpétuelles; et plus on s'en éloigne, plus elle descend. Sous l'Équateur, la ligne des neiges perpétuelles est à 4800 mètres d'altitude; sur les montagnes du Mexique, à 20 degrés de latitude, elle est à 4500 mètres; sur la Sierra Nevada (à 37 degrés) à 4300 mètres; sur les Pyrénées et sur les Alpes (à 43 et 45 degrés) à 2700 mètres; sur les monts Altaï (à 49 degrés) à 2100 mètres; sur les monts Scandinaves (à 67 degrés) à 1200 mètres; au cap Nord (à 71 degrés) à 700 mètres; plus au Nord, la ligne des neiges perpétuelles se trouve au niveau de la mer.

La hauteur de la ligne des neiges perpétuelles varie donc selon la latitude. Il faut aussi tenir compte de l'exposition des versants au Nord ou au Sud, de la nature du sol, des vents humides qui apportent de la neige, des vents secs qui la balayent et l'enlèvent en tourbillons. Ainsi, la ligne des neiges perpétuelles commence à 4200 mètres d'altitude sur le versant méridional de l'Himalaya, et seulement à 5600 mètres sur le versant septentrional. Ce phénomène extraordinaire est dû à la sérénité du ciel et à la sécheresse de l'air sur le plateau du Tibet, aux vents secs du Nord, et surtout aux vents humides de l'Océan Indien, qui déposent leur humidité sur les pentes méridionales de l'Himalaya. La ligne des neiges change aussi suivant les saisons : elle est plus basse en hiver qu'en été.

En parlant des montagnes, nous avons vu que l'accumulation de la neige dans les vallées situées au-dessous de la ligne des neiges perpétuelles se durcit et forme les *glaciers*.

La neige exerce une grande influence sur le climat. Accumulée sur les montagnes, elle produit et alimente un grand nombre de cours d'eau, rivières et fleuves. Dans la zone torride, elle modère la chaleur brûlante; dans les zones tempérées, d'un côté elle refroidit la température, de l'autre elle protége, comme le ferait un manteau, la végétation contre les rigueurs de l'hiver et les gelées blanches du printemps, et elle empêche les racines délicates et les tendres semences de se geler et de périr. La température est toujours plus chaude sous la neige qu'au-dessus. La blancheur de la neige, qui réfléchit la lumière au point de fatiguer les yeux, réfléchit aussi la chaleur et produit un heureux effet. Les corps blancs laissent moins facilement pénétrer et évaporer la chaleur que les corps noirs. Ainsi les habits blancs garantissent mieux de la chaleur du soleil pendant le jour et conservent mieux la chaleur du corps pendant la nuit. Si la neige était brune ou noire, elle absorberait beaucoup plus de chaleur et fondrait rapidement; et au lieu de la fonte lente et salutaire des neiges, on aurait d'effroyables inondations qui noieraient les vallées et les campagnes. Dans les régions polaires, la neige réfléchit le peu de lumière que leur envoie le soleil, et elle diminue l'obscurité des longs hivers.

QUESTIONNAIRE.

D'où vient l'humidité de l'atmosphère ?

Dans quel état l'air est-il le plus propre à absorber l'eau ?

Avec quel instrument mesure-t-on la quantité d'humidité de l'air ?

Pourquoi la pluie est-elle plus abondante en été qu'en hiver ?

Comment la vapeur d'eau devient-elle visible, et sous quelle forme ?

Expliquez le phénomène de la rosée. — Tombe-t-elle du ciel ? — Sort-elle du sol ?

Quels sont les phénomènes favorables ou contraires à la formation de la rosée ?

Quelle est l'utilité du drosomètre ? — De l'hygromètre ?

Indiquez l'influence de la rosée sur la végétation.

Expliquez la formation de la gelée blanche, celle des breuillards, celle des nuages.

Pourquoi l'Angleterre et l'île de Terre-Neuve ont-elles souvent des brouillards ?

Indiquez la couleur des nuages. — La hauteur des différents nuages.

Quelle est l'influence des nuages sur les phénomènes électriques ? — Sur le climat ?

Quelle est la vitesse du son ? — Celle de la lumière ? — Celle de l'électricité ?

Pourquoi, en voyant l'éclair, n'entend-on pas le bruit du tonnerre ?

Comment calcule-t-on la distance d'un orage ?

Expliquez la théorie de la pluie.

Pourquoi les pluies sont-elles régulières dans la zone torride et irrégulières dans nos climats ? — Quels phénomènes modifient la loi générale de la pluie ?

A quelle époque a lieu la saison pluvieuse dans la zone torride ?

Indiquez la quantité de pluie qui tombe dans quelques lieux de la zone torride.

Pourquoi pleut-il moins dans l'intérieur des continents que sur les côtes occidentales ?

Nommez quelques montagnes dont les deux versants ne reçoivent pas la même quantité de pluie et expliquez la cause de cette différence.

Quelle est la quantité de pluie tombée à Coïmbre ? — A Madrid ?

Citez deux villes de l'Angleterre qui reçoivent une quantité de pluie bien différente.

Dans quelles régions la pluie est-elle le plus abondante ?

De quel phénomène dépend l'influence de la pluie sur les récoltes ?

Expliquez les pluies de pierres et les pluies de sang.

A quoi servent le pluviomètre, l'anémomètre, le météréographe ?
Quelle est l'origine de la neige?
Indiquez la hauteur de la ligne des neiges perpétuelles sous l'équateur, sur les Alpes, au cap Nord.
Pourquoi la ligne des neiges perpétuelles commence-t-elle plus bas sur le versant méridional de l'Himalaya que sur le versant septentrional?
Indiquez l'influence de la neige sur le climat et sur la végétation.
Quelle est l'influence de la blancheur de la neige ?

---

§ 5. Climat. — Causes des climats. — Lignes isothermes, isothères, isochimènes. — Pôles du froid et pôle de la chaleur.

L'ensemble des conditions de température, d'humidité, de mouvements de l'air, constituent le climat d'un pays. Le climat dépend surtout de la chaleur solaire. Nous avons vu qu'un grand nombre de causes contribuent à l'inégale répartition de la chaleur sur le globe. Il faut considérer toutes ces causes quand on veut déterminer le climat d'un lieu. Voici les principales :

1° La latitude ou la distance d'un lieu à l'Équateur, qui indique la direction verticale, ou plus ou moins oblique, des rayons du soleil, et la durée du jour et de la nuit;

2° L'altitude ou l'élévation au-dessus du niveau de la mer, qui donne tous les climats;

3° Le voisinage ou l'éloignement de l'Océan, moins chaud en été et moins froid en hiver que la terre;

4° Les courants maritimes et atmosphériques, qui transportent d'un lieu à un autre la chaleur et l'humidité;

5° L'inégale distribution de la terre et de l'eau, qui ont une température différente;

6° La direction des chaînes de montagnes, qui arrêtent les vents humides ou secs, chauds ou froids;

7° L'exposition d'un lieu, tourné vers le Nord ou vers le Sud;

8° La prédominance des vents chauds ou froids, humides ou secs;

9° La nature du sol, argileux, calcaire, marécageux, etc.;

10° La configuration du sol, formé de plaines, de vallées, de plateaux, etc.;

11° La direction des vallées et du lit des fleuves, favorable ou contraire aux vents et aux courants maritimes ;

12° La culture, le déboisement des forêts, le dessèchement des marais et des lacs.

Toutes ces causes font que des lieux situés sous la même latitude ont souvent une température moyenne fort différente, et elles rendent difficile la détermination des climats et par suite des conditions d'existence pour les plantes, les animaux et les hommes.

Pour donner une idée exacte de la distribution de la chaleur sur le globe, on a imaginé de joindre ensemble, par des lignes tracées sur les cartes, les lieux qui ont la même température moyenne pendant toute l'année. Ces lignes s'appellent *isothermes*, des deux mots grecs *isos*, égal, et *thermos*, chaleur. La température moyenne de l'année est la différence entre le degré le plus haut et le degré le plus bas du thermomètre pendant 365 jours. Pour avoir la température d'un lieu, on fait la somme de plusieurs températures moyennes annuelles et on la divise par le nombre des années pendant lesquelles on a fait les observations.

La carte des lignes isothermes montre qu'à latitude égale, la température moyenne de l'année est plus élevée en Europe qu'en Asie, et qu'elle baisse en allant de l'Ouest à l'Est. Ainsi la ligne isotherme de 5 degrés de chaleur moyenne passe par Stockholm, à 60 degrés de latitude ; par Moscou, à 56 degrés ; par Orenbourg, à 52 degrés ; au nord du lac Balkhash, à 45 degrés, et par Karakorum, en Mongolie, à 45 degrés de latitude.

La ligne isotherme de 10 degrés de chaleur moyenne passe par Londres, à 51 degrés de latitude ; par Astrakhan, à 46 degrés ; au sud du lac Balkhash, à 43 degrés, et par Pékin, à 40 degrés de latitude.

Et la ligne isotherme de 15 degrés passe par Pau, situé à 43 degrés 30 minutes de latitude ; par Trébizonde, à 41 degrés ; par Khiva, à 41 degrés, et par Shangaï, à 31 degrés de latitude. Il fait donc aussi chaud à Pau qu'à Shangaï, qui est situé à 12 degrés 30 minutes, c'est-à-dire à 1250 kilom. plus au Sud.

Si l'on fait la même comparaison entre l'Europe et l'Amérique septentrionale, on verra que l'Europe est aussi plus chaude. La ligne isotherme de 5 degrés de chaleur moyenne passe par Stockholm, à 60 degrés de latitude, et par Québec, située sous le 48e degré de latitude, c'est-à-dire à 1200 kilom. plus au Sud ; celle de 10 degrés passe par Londres, à 51 degrés de latitude, et par Washington, à 42 degrés ; et celle de 15 degrés passe par Pau, à 43 degrés 30 minutes, et par Columbia, dans la Caroline, située à 34 degrés de latitude.

Deux lieux peuvent avoir la même température moyenne de l'année, sans avoir la même en été et en hiver. Ils n'ont donc pas le même climat ni par conséquent la même végétation. La température moyenne de l'année exerce moins d'influence sur la végétation que la température extrême de l'hiver et surtout que celle de l'été. Les végétaux, comme l'orge et le maïs, qui croissent et mûrissent en quelques mois, réussissent dans tous les lieux où la température de l'été est assez chaude pour mûrir le grain. De même, il y a des vignes, des oliviers, des orangers, partout où la chaleur de l'été peut mûrir les fruits ; il n'y en a point là où la rigueur de l'hiver ne permet pas à la plante de subsister. Au contraire, on trouve des arbres partout où ils peuvent résister au froid de l'hiver. La végétation d'un pays dépend donc de la température de l'été pour les plantes à fruits, et de la température de l'hiver pour les plantes sans fruits.

Pour comparer les lieux qui ont la même chaleur moyenne et le même froid moyen pendant les trois mois d'été, juin, juillet, août, et pendant les trois mois d'hiver, décembre, janvier, février, on les joint par des lignes appelées, les unes *isothères*, d'*isos*, égal, et de *théros*, été, et les autres *isochimènes*, d'*isos*, égal, et de *cheimon*, hiver.

On voit que la ligne isothère de 21 degrés de chaleur passe par Astrakhan et par Bordeaux ; en été, ces deux villes ont la même chaleur moyenne et le raisin peut mûrir à Astrakhan comme à Bordeaux. D'un autre côté, la ligne isochimène de 5 degrés de froid passe près d'Astrakhan, de Dantzig, de Christiania et au nord de l'Islande, et montre que tous ces lieux éprouvent le même froid pendant l'hiver. Il fait donc trop froid à Astrakhan, comme à Christiania et en Islande, pour que la vigne puisse y résister à la rigueur de l'hiver. Enfin, l'hiver est assez doux au sud de l'Angleterre et de l'Irlande pour que la vigne puisse y vivre en plein air; mais la chaleur de l'été n'y est pas assez forte pour mûrir le raisin.

Quand il y a dans un pays une grande différence entre la température de l'été et celle de l'hiver, on dit que le climat est *excessif;* il est très-chaud en été et très-froid en hiver. Tel est, par exemple, le climat de Moscou, dont la température moyenne de l'été étant de 18 degrés de chaleur, et celle de l'hiver de 9 degrés de froid, la différence se trouve être de 27 degrés.

S'il y a peu de différence entre la température de l'été et celle de l'hiver, le climat du pays est *tempéré*. C'est le climat de Paris, où la température moyenne de l'été étant de 18 degrés et celle de l'hiver de 3 degrés de chaleur, la différence n'est que de 15 degrés. C'est aussi le climat de Londres, où il n'y a qu'une différence de 11 degrés entre la température de l'été, qui est de 15 degrés, et celle de l'hiver, qui est de 4 degrés de chaleur. L'Angleterre a donc un climat plus tempéré que la France, et le climat de la France est plus tempéré et plus égal que celui de l'Allemagne, et, à plus forte raison, que celui de la Russie et de la Sibérie.

Dans les plaines de la zone torride, il n'y a qu'une différence de 2 ou 3 degrés entre la température de l'été et celle de l'hiver; il y règne donc un été perpétuel.

Pour se faire une juste idée du climat d'un pays, il faut donc considérer les trois sortes de lignes qui passent par ce pays. Si, à la température, on ajoute la distribution de la pluie et les alternatives de sécheresse et d'humidité, on aura toutes les conditions de climat, de végétation et de vie animale.

Les lignes isochimènes qu'on est parvenu à tracer dans les hautes latitudes du Nord, montrent par leur inclinaison qu'il y a deux pôles de froid, et qu'ils ne sont pas placés près du pôle terrestre, à 90 degrés de l'Équateur : l'un est au nord des îles Liakoff, à 79 degrés de latitude, et l'autre au nord de l'île Melville, à 78 degrés de latitude ; il y fait un froid de 17 et de 19 degrés, tandis que le froid moyen du pôle ne paraît être que de 16 degrés. Ce froid excessif est dû aux vents dominants qui, venant de la terre, sont secs et froids, et à la sécheresse de l'air, qui n'oppose aucun obstacle au rayonnement du peu de chaleur que le soleil envoie dans ces glaciales régions. Les vents du pôle austral, ayant traversé une vaste surface d'eau, doivent être plus humides et moins froids ; et il est probable que le climat de ce pôle est moins froid et plus égal que celui du pôle boréal.

De même, le pôle de la chaleur n'est pas à l'Équateur. On voit par les lignes isothères que la région la plus chaude du monde est le Sahara occidental et le centre de l'Arabie. La moyenne de la chaleur de l'été s'y élève à 32 degrés 22 minutes. En Amérique, les lieux les plus chauds sont le golfe du Mexique, la mer et les îles des Antilles, où la température moyenne de l'été est de 27 degrés 22 minutes.

QUESTIONNAIRE.

Qu'est-ce que le climat d'un pays ? — De quoi dépend-il ?

Indiquez les principales causes de l'inégale répartition de la chaleur sur le globe.

Quelles lignes trace-t-on sur les cartes pour marquer la distribution de la chaleur ?

Comment obtient-on la température moyenne de l'année ?

Quelle est la différence de température entre l'Europe et l'Asie, à latitude égale ? — Entre l'Europe occidentale et les côtes orientales de l'Amérique ? — Entre les côtes orientales et les côtes occidentales de l'Amérique ? — Expliquez ces différences.

Deux lieux ayant la même température moyenne ont-ils le même climat ?

Quelles plantes dépendent de la température de l'été ? — De la température de l'hiver ?

Quelles lignes trace-t-on pour marquer la température de l'été et celle de l'hiver ?

Donnez la signification et l'étymologie des lignes *isothermes*, *isothères*, *isochimènes*.

Définissez un climat *excessif*, *tempéré*, *continental*, *insulaire*.

Quels sont les lieux les plus chauds, les lieux les plus froids du globe ?

CHAPITRE IV.

LA VIE SUR LE GLOBE.

§ 1er. Les plantes. — Leur distribution sur le globe. — Zones agricoles de l'Europe. — Zones vinicoles de la France. — Zones d'altitude sur les montagnes. — Exposition et nature du sol. — Zones marines. — Acclimatation des plantes.

Nous avons étudié l'état de la terre, de la mer et de l'atmosphère. Voyons maintenant la vie qu'il engendre, c'est-à-dire la géographie physique des plantes et des animaux. Nous n'avons à nous occuper que de leur distribution sur le globe et de leurs conditions d'existence. La description et la classification des plantes appartiennent à la botanique ; la description et la classification des animaux sont du domaine de la zoologie. Pour plus de concision, l'on donne le nom de *flore* aux plantes d'une région, et celui de *faune* aux animaux.

La vie sur le globe dépend des conditions de chaleur, d'humidité, de lumière. Selon le degré de chaleur ou de froid, d'humidité ou de sécheresse, de lumière ou d'obscurité, la végétation prospère, s'étiole ou périt, les animaux vivent, dégénèrent ou meurent.

Il y a des plantes qui vivent partout ; d'autres sont dispersées sur un grand nombre de lieux ; d'autres sont confinées dans certaines régions qui, seules, leur offrent leurs conditions d'existence. Ainsi, le quinquina ne se trouve que dans une certaine zone des Andes. La plupart des plantes aiment une chaleur et une humidité tropicales, où elles acquièrent leur complet développement. Chacune a besoin d'un certain degré de chaleur annuelle pour vivre, d'une chaleur de plus en plus grande pour donner des fleurs et pour porter des fruits, et une chaleur encore plus forte est nécessaire pour que ces fruits mûrissent. L'orge, par exemple, exige, pour mûrir, une somme annuelle de 1700 degrés de chaleur ; le froment en demande plus de 2000; il en faut 2600 au maïs ou blé de Turquie; 2900 à la vigne pour produire du vin potable, et 6000 au dattier pour donner des fruits sucrés.

Comme la zone torride offre le mieux les conditions de chaleur et d'humidité nécessaires à la vie végétale, c'est là que se trouve la végétation la plus riche et la plus luxuriante. La décroissance commence à mesure qu'on s'en éloigne. Aussi la flore de la zone torride est bien supérieure à la flore des zones tempérées, qui l'emporte de beaucoup sur celle des zones glaciales. Mais, comme la chaleur est la première condition de la distribution des plantes, leur décroissance dépend moins de la latitude que des lignes isothermes. La division de la terre en zone torride, tempérée et glaciale ne suffit pas pour indiquer toutes les modifications que la végétation subit depuis l'équateur jusqu'aux pôles. On a établi les huit zones végétales suivantes, qui ont pour limites les lignes isothermes de la chaleur moyenne de l'année :

1° La *zone équatoriale*, comprise entre les lignes isothermes du 28e et du 25e degré de chaleur moyenne, et large d'environ 15 degrés de chaque côté de l'équateur, se distingue par l'exubérance de sa végétation. Les plantes y sont plus abondantes en sucs, leurs feuilles sont plus larges, leur verdure est plus fraîche. Des arbres deux fois plus hauts que nos chênes y portent des fleurs qui égalent nos lis en blancheur et en éclat. Des fougères, qui ne sont que des herbes dans nos climats, y surpassent en hauteur nos aunes et nos châtaigniers. Certaines plantes ont des fleurs et des feuilles gigantesques : la fleur de la rafflésia a trois mètres de circonférence et pèse six kilogrammes et demi ; les feuilles du magnifique lis aquatique de la Guyane, appelé *victoria regia*, ont de trois à six mètres de circonférence et sont assez grandes pour faire flotter un homme. La zone équatoriale est la région par excellence du palmier, le roi de la végétation et l'arbre le plus précieux du monde. Toutes les parties en sont utiles : les palmes sèches servent aux toits des maisons, les troncs creusés aux tuyaux des cheminées, la figue à la nourriture de l'homme, le chou à celle des herbivores; le cœur, mou et sucré, fait les délices du cheval. Chaque espèce de palmier a des produits différents. Les uns donnent une cire végétale dont on fait des bougies, une fécule nourrissante, un fruit semblable à la fraise, un fruit qui a le goût du pain, un suc laiteux comme le beurre; d'autres produisent de l'huile, du sucre, du vin, du vinaigre. Le compagnon du palmier est le bananier, espèce de figuier dont le fruit, meilleur que la figue, est la principale nourriture des habitants du pays.

Parmi les autres arbres de cette région, se distinguent le banian, le baobab, le bambou et le cocotier. Les branches du banian ou figuier d'Inde prennent racine dans la terre et produisent de nouveaux troncs; un seul banian forme souvent un épais bosquet. Le baobab, roi des arbres africains, est originaire du Sénégal. Quoique d'une hauteur médiocre, le tronc a quelquefois de 25 à 30 mètres de circonférence, et son vaste feuillage ressemble de loin à un monticule verdoyant. Le bambou, espèce de roseau qui atteint 20 et 30 mètres de hauteur, sert à une foule d'usages. La tige, qui est forte et solide, est employée dans la construction des maisons, des palissades, dans la fabrication des meubles. Avec les fibres on fait des cordages, des voiles pour les vaisseaux, des nattes, des paniers élégants et d'autres objets utiles; avec les jeunes tiges, on fait des cannes, des manches de parapluie et d'ombrelle. La liqueur mielleuse qu'on extrait du bambou est une boisson fort agréable ; c'était le sucre des anciens. Le cocotier, originaire des Antilles, est aussi un arbre fort utile : on tire parti du fruit, de la feuille, de la fibre, de la séve, du tronc. Le fruit, gros comme la tête d'un homme, donne une amande fort agréable au goût, de l'huile et du vinaigre. Par une incision, on obtient une liqueur semblable au vin, qui, distillée, devient un alcool, appelé *arrack*. Avec les noix de coco, on fait des coupes ; avec les fibres, on fabrique des brosses et l'on tresse des chapeaux. Les jeunes feuilles servent d'aliment, et les troncs fournissent du bois d'ébénisterie.

Mentionnons aussi le cacaoyer, qui nous donne le chocolat, « la liqueur des dieux, » et le caféier, arbrisseau originaire de la province de Caffa, en Abyssinie, auquel on doit une boisson encore plus délicieuse, et le théier, originaire du midi de la Chine, dont les feuilles infusées font une boisson devenue indispensable en Angleterre, et la canne à sucre, également originaire du sud de l'Asie et transportée dans l'Amérique, qui fournit aujourd'hui la plus grande partie du sucre consommé en Europe, et le tabac, originaire de l'Amérique, peut-être de l'île de Tabago, qui a parfaitement réussi partout, et le cotonnier, originaire de l'Inde et transporté dans toutes les parties du monde, qui habille des populations entières et qui joue un si grand rôle dans l'industrie moderne.

Nous devons encore à la zone équatoriale les arbres les plus propres à l'ébénisterie, tels que l'ébénier, le palissandre, l'acajou ; les plantes les plus riches en fécule, comme le sagou, l'igname, le tapioca, l'arrow-root, précieuse ressource alimentaire ; les plantes les plus aromatiques ; les épices, comme la canelle, la vanille, la muscade, le poivre, le gingembre, le clou de girofle ; une foule de plantes médicinales, telles que l'ipécacuanha, la salsepareille, le pavot somnifère, qui donne l'opium, excellent remède pour endormir la douleur, et le quinquina, qui fournit un remède si efficace contre la fièvre.

2° La *zone tropicale*, comprise entre le 25° et le 20° degré de chaleur moyenne de l'année, à peu près entre le 15° degré de latitude et les tropiques, diffère peu de la précédente. Elle a aussi le palmier, le bananier, la fougère en arbre ; mais elle est surtout marquée par le figuier d'Inde, le caféier, le théier, le cotonnier, la canne à sucre, l'ananas, le dattier, le baobab, le bambou.

3° La *zone sous-tropicale*, comprise entre les lignes isothermes de 20 à 15 degrés de chaleur moyenne, à peu près entre les tropiques et le 35e degré de latitude, montre la transition entre la végétation tropicale et celle des climats tempérés. Elle est caractérisée par la grandeur des lauriers, des myrtes et d'autres arbres à feuilles toujours vertes.

4° La *première zone tempérée*, comprise entre le 15° et le 10e degré de chaleur moyenne, entre le 35e et le 45e degré de latitude, produit le palmier nain, le figuier, l'oranger, la vigne, le cèdre, le cyprès, le chêne-liége, le platane, le laurier, le myrte et des arbrisseaux toujours verts. A cette zone appartient la région méditerranéenne, qui est caractérisée par l'olivier.

5° La *seconde zone tempérée*, comprise entre le 10e et le 5e degré de chaleur moyenne, entre le 45e et le 58e degré de latitude, a les mêmes familles d'arbres ; mais elles sont représentées par des espèces qui perdent leurs feuilles pendant l'hiver. Il y a le chêne, le mélèze, le hêtre, le peuplier, le saule, le pin, le sapin. Les environs de Paris peuvent donner une idée de cette zone, qui est la limite de la culture du froment.

6° La *zone sous-arctique*, comprise entre le 5e degré de chaleur moyenne et 0, point de congélation, à peu près entre le 58e et le 70° degré de latitude, voit disparaître graduellement tous les arbres. Le hêtre s'arrête à 60 degrés de latitude, le chêne au 61e, le sapin au 68e, le pin vers le 70e ; le bouleau commun s'avance un peu plus loin. Grâce à la blancheur de son écorce, le bouleau conserve mieux sa chaleur et résiste à un froid plus rigoureux.

7° La *zone arctique* n'a que des arbustes rabougris, des bruyères, des mousses.

8° Plus au nord, la végétation, ensevelie sous la neige pendant la plus grande partie de l'année, se réveille pendant quelques semaines seulement, et la *zone polaire* ne produit plus que des végétaux chétifs, tels que les champignons, les mousses, les lichens, les algues marines.

On a divisé aussi le globe en zones agricoles. En Europe, la zone du *riz* comprend l'Espagne, le midi de la France, l'Italie, la Grèce et les plaines méridionales de la Turquie. Celle du *maïs* est bornée par une ligne qui passe par Nantes, Paris, Coblentz, Berlin, Varsovie et Astrakhan ; elle se rapproche beaucoup de celle de la vigne. La limite de la zone du *froment* passe par le nord de l'Écosse, le centre de la Suède et par Pétersbourg. Enfin, la zone du seigle, de l'orge, de l'avoine et des pommes de terre s'étend en Europe jusqu'au 67e degré de latitude, et à l'est de l'Asie seulement jusqu'au 50e degré.

La France, qui tire de la vigne une de ses plus grandes richesses, est partagée en quatre régions vinicoles : 1° la *région occidentale* fournit les célèbres vins rouges et blancs de Bordeaux, et les vins de la Charente, dont on fait les eaux-de-vie de Cognac, les plus recherchées du monde entier ; 2° la *région centrale* produit les vins de Bourgogne et de Champagne, et celui de l'Hermitage, sur le Rhône, qui est classé au même rang que les meilleurs vins de Bourgogne et de Bordeaux ; 3° la *région orientale et septentrionale* a des vins inférieurs à ceux des deux premières régions ; 4° la *région méridionale* produit aussi des vins inférieurs, sauf les vins muscats ; celui de Rivesaltes rivalise avec le vin de Tokay, en Hongrie, et celui de Constance, au cap de Bonne-Espérance, qui sont regardés comme les meilleurs vins de liqueur.

Il faut à la vigne un terrain calcaire, pierreux, siliceux, un climat tempéré et très-sec; la chaleur et l'humidité de la zone torride ne lui conviennent point. En Europe, la limite septentrionale où elle cesse de faire du vin potable, commence à 47 degrés de latitude vers Nantes, passe par Paris au 49e degré, et s'élève sur la Moselle et sur le Rhin jusqu'au 51e degré, où elle se maintient jusqu'en Silésie; ensuite elle descend vers le Sud en Pologne jusqu'au 48e degré de latitude. La limite méridionale passe aux Canaries, à 27 degrés de latitude; elle suit le littoral de la Barbarie et de l'Egypte et s'étend en Perse vers le 28e degré de latitude.

Tel est, en résumé, la distribution des plantes depuis l'équateur jusqu'aux pôles, c'est-à-dire depuis les régions les plus chaudes jusqu'aux latitudes les plus froides.

Mais la température ne décroît pas seulement de l'équateur aux pôles; elle diminue aussi depuis le niveau de la mer jusqu'au sommet des montagnes. Quand on s'élève sur une montagne de la zone torride, on trouve, en quelques heures d'ascension, la même série de climats qu'en allant de l'équateur vers les pôles; et chaque climat est caractérisé par une végétation appropriée à sa température. Ainsi en montant sur le Chimborazo, Humboldt trouva successivement tous les climats et toutes les espèces de plantes, depuis le palmier de la zone équatoriale jusqu'aux mousses et aux lichens de la zone polaire et aux neiges perpétuelles.

Le volcan éteint de Pangenango, dans l'île de Java, qui a trois mille mètres d'altitude, offre aussi tous les climats et toutes les plantes. Entre 500 et 1500 mètres, c'est la flore des tropiques; les fougères arborescentes y atteignent des hauteurs de 15 mètres. Vers 1000 mètres d'élévation, on rencontre quelques plantes herbacées des régions tempérées. A 1800 mètres, on cueille des framboises en abondance; à 2000 mètres, les arbres diminuent de hauteur; à 2500 mètres, la végétation ressemble à celle de l'Europe. Au delà, les arbres deviennent de plus en plus rabougris.

Le même phénomène se remarque dans les zones tempérées. Celui qui, en partant de la plaine, gravit jusqu'au sommet des Pyrénées et des Alpes, verra tous les changements de végétation qu'il observerait en allant du sud de l'Europe jusqu'à l'extrémité de la Laponie. Ainsi, au pied du mont Canigou, dans les Pyrénées, on voit d'abord l'oranger, puis l'olivier, le maïs, le chêne vert, la vigne. Il n'y a plus d'olivier au-dessus de 400 mètres, ni de vigne au-dessus de 550 mètres, ni de châtaignier au-dessus de 800 mètres. A 1300 mètres, on trouve le rhododendron, qui croît jusqu'à 1540 mètres, et à 1640 mètres les derniers champs de seigle et de pommes de terre. Alors on rencontre le hêtre et le sapin jusqu'à 1950 mètres, le bouleau jusqu'à 2000 mètres, le pin jusqu'à 2400 mètres. Le genevrier rabougri persiste jusqu'à 2780 mètres de hauteur.

Sur les Alpes, après la vigne, qui donne du vin médiocre, vient la région du châtaignier, du noyer, du chêne et du hêtre; puis celle des prairies subalpines, et celle des arbres verts, qui s'arrêtent à 2000 mètres. Enfin on arrive aux prairies sans arbres, aux mousses et aux lichens, qui s'élèvent jusqu'aux neiges perpétuelles.

Les végétaux ne se succèdent pas dans le même ordre sur toutes les montagnes. La direction de la montagne, l'inclinaison des pentes, les abris formés par des chaînes parallèles, les vents et les plateaux modifient la distribution et la limite des différentes plantes.

Outre les conditions de température, qui dépendent de la latitude et de l'élévation, il y en a d'autres qui sont produites par l'exposition des pentes et par la nature du sol. Ainsi la végétation qui croît sur les pentes d'une montagne échauffées par les rayons du soleil, a plus de variété, plus de feuilles et de fleurs que la végétation qui pousse sur les pentes tournées vers le Nord. De même, certains sols s'échauffent beaucoup et se refroidissent rapidement; d'autres s'échauffent et se refroidissent à peine. De là une influence bien différente sur les racines et sur la partie inférieure des plantes. Le sol agit aussi sur la végétation, selon qu'il est plus ou moins compacte ou désagrégé, dur ou friable, dense ou perméable à l'eau et à l'air. Les plantes qui prospèrent sur un sol calcaire ne croîtraient pas sur un sol argileux, et les plantes des prairies alluviales dépériraient sur les dunes sablonneuses des côtes de l'Océan.

Les plantes exigent dans la mer, comme sur la terre, certaines conditions d'existence. Ces conditions dépendent de la température, de la lumière, de la profondeur, de la nature du fond, de la composition de l'eau. On a divisé la mer en *zones horizontales*, depuis l'équateur jusqu'aux pôles, et en *zones verticales*, depuis la surface jusqu'aux plus grandes profondeurs. Chaque zone, horizontale ou verticale, est caractérisée par une flore marine ayant des formes particulières.

L'homme a modifié la distribution naturelle d'une grande partie de la flore terrestre. Beaucoup de plantes ont été transportées d'un pays dans un autre, et elles y ont réussi toutes les fois qu'elles ont trouvé des conditions favorables de sol et de climat. La pomme de terre, par exemple, que nous devons à l'Amérique centrale, est devenue la principale nourriture de millions d'Européens. D'un autre côté, le froment, que l'Europe a donné à l'Amérique, y a si bien prospéré, qu'il pourrait suffire à notre consommation. On compte 174 plantes européennes naturalisées dans les deux Amériques, qui ne nous en ont envoyé que soixante-quatre. C'est l'Asie qui a le plus enrichi la flore de l'Europe. Nous lui devons toutes nos céréales, excepté le seigle et l'avoine, tous les arbres fruitiers y compris la vigne, excepté le poirier et le pommier, et la plupart des fleurs qui ornent et parfument nos jardins.

QUESTIONNAIRE.

Quelles sont les conditions de la vie sur le globe ?

Définissez les mots de *flore* et de *faune* d'une région.

Dans quelle région les plantes acquièrent-elles tout leur développement ?

Quelle est la somme de chaleur nécessaire à la maturation de l'orge ? — A celle du froment ? — A celle du maïs ? — A celle de la vigne ?

Combien de zones végétales a-t-on établies ?

Citez quelques exemples de la richesse de la végétation dans la zone équatoriale.

Nommez la plante qui a la plus grande fleur, et celle qui a la plus grande feuille.

Indiquez l'utilité du palmier, celle du bambou, celle du cocotier.

Quelle est la patrie du caféier, de la canne à sucre, du théier, du tabac, du cotonnier ?

Nommez quelques autres productions de la zone équatoriale.

Nommez quelques plantes médicinales.

Nommez quelques plantes des zones tropicales. — Des zones tempérées.

Quelles sont les limites des deux zones tempérées ?

A quelles latitudes disparaissent les arbres ?

Pourquoi le bouleau disparaît-il le dernier ?

Indiquez les zones agricoles de l'Europe. — Les zones vinicoles de la France.

Quel sol et quel climat conviennent le mieux à la vigne ?

Quels sont les meilleurs vins de France ? — de Hongrie ? — du cap de Bonne-Espérance ?

Quelle est l'influence de l'altitude sur le climat et sur la végétation ?

Indiquez les différentes plantes sur le Chimborazo, sur le Pangenango de Java, sur les Pyrénées et sur les Alpes.

Quelles causes modifient la distribution et la limite des plantes sur les montagnes ?

De quelles conditions dépend l'existence des plantes marines ?
En quelles zones végétales divise-t-on l'Océan ?
Dans quelles conditions les plantes transportées d'un pays dans un autre réussissent-elles ?
Citez des plantes qui ont été transportées d'un pays dans un autre.
Quelles plantes l'Europe doit-elle à l'Asie, à l'Amérique ?

---

§ 2. Les animaux. — Classification. — Distribution des animaux sur la terre. — Distribution dans la mer. — Utilité des poissons. — Baleine. — Faune de l'Europe, de l'Asie, de l'Afrique, de l'Amérique ; flore et faune de l'Australie. — Distribution naturelle des animaux, modifiée par l'homme.

Tous les animaux sont *vertébrés* ou *invertébrés* : les premiers ont des vertèbres, c'est-à-dire des os qui forment la colonne vertébrale ou épine dorsale ; les autres n'en ont pas.

Les vertébrés se divisent en *mammifères*, en *oiseaux*, en *reptiles* et en *poissons*.

1° Les *mammifères* comprennent les quadupèdes et quelques animaux aquatiques, comme la baleine. Dans la classe des quadrupèdes, on range les *carnassiers*, comme le lion, le tigre, le léopard, l'hyène, la panthère ; — les *ruminants*, comme le bœuf, le mouton, le chameau, le llama, l'alpaca ; — les *pachydermes* ou animaux à peau dure, comme l'éléphant, le rhinocéros, l'hippopotame, le cheval, le cochon ; — les *rongeurs*, comme le castor, le lièvre, l'écureuil, le rat ; — les *édentés* ou animaux sans dents, comme la fourmi, le tatou, le paresseux ; — les *quadrumanes*, comme les singes ; — les *cheiroptères* ou animaux volants, comme la chauve-souris ; — les *marsupiaux*, tels que le sarigue et le kangarou, dont la femelle a une poche pour recevoir ses petits ; — enfin, les *cétacées* ou gros poissons, comme la baleine, le cachalot, le dauphin, le narval, le phoque, le morse.

2° Les *oiseaux* forment plusieurs groupes : les oiseaux de proie, les grimpeurs, les chanteurs, la volaille, les nageurs ou oiseaux aquatiques.

3° Les *reptiles* comprennent les serpents, les lézards, les tortues, les grenouilles.

4° La division des *poissons* est moins importante pour la géographie.

Dans les invertébrés sont les insectes, les vers, les mollusques, le corail, l'éponge, les foraminifères, etc.

Les animaux, non plus que les plantes, ne sont pas distribués au hasard sur le globe. Les uns sont destinés à vivre sur la terre, les autres à peupler les eaux. Cette différence dépend de leur mode d'existence. Dans un temps donné, tout animal consomme une certaine quantité d'oxygène, proportionnée à la vivacité de ses mouvements et à la rapidité de sa nutrition. On sait qu'il y a 203 centimètres cubes d'oxygène dans un litre d'air, tandis qu'un litre d'eau n'en contient que 13 centimètres. Les animaux organisés pour respirer beaucoup d'oxygène ne le trouvent que dans l'air; si on les plonge dans l'eau, ils sont asphyxiés. Ceux, au contraire, à qui peu d'oxygène suffit ne peuvent respirer que dans l'eau.

Ces deux grandes différences entre les animaux terrestres et les animaux aquatiques ne sont pas les seules qu'on observe dans la distribution géographique des êtres animés. L'existence de chaque espèce dépend des conditions de climat et d'alimentation, et le développement des organismes est proportionnel à la quantité de chaleur et de lumière. Comme la végétation de la zone torride est la plus riche, les animaux herbivores y trouvent une nourriture abondante, et ils offrent une proie facile aux animaux carnassiers. La zone torride seule peut fournir à l'éléphant l'énorme quantité de végétation qui lui est nécessaire pour se nourrir. Aussi, c'est entre les tropiques qu'habitent les animaux les plus grands et les plus parfaits de forme : les pachydermes, les plus terribles carnassiers, les reptiles de 6 à 7 mètres de longueur, les tortues pesant une demi-tonne, les oiseaux gigantesques, les quadrumanes, comme l'orang-outang, le gorille et le chimpanzé, qui ont avec l'homme une si pénible ressemblance.

Ce n'est que dans la zone torride que les oiseaux, les insectes, les poissons, étalent ce luxe de couleurs, ces teintes vives, ces reflets éblouissants, qui effacent l'éclat des pierres les plus précieuses. A mesure qu'on s'éloigne de l'équateur, les couleurs deviennent de moins en moins brillantes et finissent par être ternes et sombres. Ainsi la faune inter tropicale est plus grande, plus forte, plus belle, que celle des zones tempérées, qui est bien supérieure à celle des régions polaires.

Cette loi générale de la distribution de la faune a des exceptions. Certains animaux se développent mieux dans les pays froids. Ainsi, le gigantesque ours blanc préfère les mers arctiques, où il trouve les conditions d'existence les plus favorables, et le renne, originaire du nord, dépérit dans les pays plus chauds que le sien. Chaque climat nourrit des espèces différentes, et chaque espèce a pris naissance dans la région la plus propre à son développement. A mesure que les conditions de climat se modifient ou manquent, les animaux se transforment ou disparaissent.

Une loi semblable règle la distribution des habitants de l'eau. Cette distribution dépend de la température, de la profondeur, de la nature du fond, de la composition de l'eau, qui leur créent différentes conditions d'existence. Les poissons changent d'aspect suivant les latitudes et les profondeurs. Les espèces des mers tropicales ne sont pas les mêmes que celles des mers polaires ; les espèces des côtes basses diffèrent de celles qui vivent dans la haute mer, et les poissons d'eau douce ne sont pas identiques aux poissons des eaux salées de l'Océan. On trouve le requin dans les eaux chaudes ; le thon, le plus grand poisson de table, ne se plaît que dans la Méditerranée ; les eaux froides sont le séjour favori de la baleine, du phoque, du morse, de la morue, du hareng, tandis que le cachalot, dont la taille égale celle de la baleine, habite indifféremment toutes les mers du globe. La profondeur de l'océan forme, comme la hauteur des montagnes, une espèce de latitude. A mesure qu'on s'enfonce dans la mer, on trouve des faunes différentes.

Cependant la profondeur paraît exercer moins d'influence sur la vie que la nature du fond et surtout que la température. Ainsi, dans la vallée comprise entre l'Écosse et les îles Féroë, où la température du fond est au point de congélation, les animaux microscopiques sont rares, tandis qu'on trouve des masses d'éponges et de foraminifères à quelque distance, dans un lieu où la température du fond, élevée par les eaux du Gulf-Stream, marque 8 degrés et demi de chaleur.

La mer offre à l'homme une source inépuisable de nourriture. La consommation de quelques espèces de poissons est inconcevable. Un seul bateau prit en une nuit plus d'un demi-million de poissons sur les côtes de la Norvége; en 1857, trois bateaux d'Yarmouth, appartenant au même patron, en prirent près de quatre millions; un seul port de Suède en a exporté, en un an, plus de deux cent millions. On calcule qu'il se pêche chaque année plus de deux cent cinquante millions de morues sur les bancs de Terre-Neuve. La nature pourvoit abondamment à cette énorme destruction de poissons. La morue produit annuellement plus de neuf millions d'œufs, et l'esturgeon plus de sept millions; c'est aussi par millions que se multiplient le maquereau, le hareng et un grand nombre d'autres poissons de table.

La baleine, qui a de 40 à 50 mètres et jusqu'à 100 mètres de longueur, c'est-à-dire plus de 50 mètres de plus que les tours de Notre-Dame de Paris, est un animal précieux pour les habitants des régions polaires. Que deviendraient les Esquimaux sans la baleine? Ils tirent de ses mamelles trois barils d'un lait épais, jaunâtre, qui a un goût d'huile d'olive; de sa langue ils extraient jusqu'à vingt barils d'huile, qui leur sert pour se chauffer et s'éclairer pendant les longues nuits d'hiver, et de ses intestins ils se font des vêtements d'été. Ils utilisent les tendons pour tisser leurs filets et coudre leurs pirogues, et les os pour soutenir leurs demeures souterraines. La chair de la baleine, fraîche ou salée, est une nourriture hygiénique dans les pays froids, et elle a été souvent très-utile aux équipages des bateaux pêcheurs d'Europe.

Si l'on compare la faune des différentes parties du globe, on voit qu'elle n'est pas la même dans l'ancien continent que dans le nouveau, et que celle de l'Australie diffère de l'une et de l'autre.

Les animaux indigènes de l'Europe ont un caractère moins marqué que ceux des autres parties du monde. La densité de sa population a amené la multiplication des animaux domestiques et la destruction d'un grand nombre d'animaux sauvages. Ainsi le sanglier, l'ours, le loup et le castor ont disparu des îles Britanniques, et leur nombre a beaucoup diminué sur le continent. C'est surtout à sa forme et à sa position géographique que l'Europe doit le caractère de sa faune. L'Europe semble être une vaste presqu'île de l'Asie, et le climat de ses plaines orientales diffère peu de celui des plaines de l'Asie occidentale. Aussi, à égale latitude, on trouve les mêmes espèces d'animaux dans les deux régions. La plupart des animaux à fourrure, tels que l'ours, le loup, le renard, le lynx, le blaireau, la belette, l'hermine, la marte, la loutre, la zibeline, l'écureuil, le renne, sont identiques dans le nord de l'Europe et de l'Asie. L'Europe n'a aucun des grands mammifères, ni des grands pachydermes, ni des marsupiaux ; et grâce à son climat tempéré, elle est peu infestée par les reptiles et par les insectes. Les seuls serpents vénimeux sont trois espèces de vipères, tandis que la moitié des serpents de l'Afrique et de l'Australie est dangereuse. L'insecte indigène le plus précieux est l'abeille, symbole de l'activité européenne. En revanche, l'Europe possède une grande variété d'oiseaux, et ses mers sont peuplées d'une foule de poissons excellents, qui fournissent une abondante nourriture à sa nombreuse et laborieuse population.

L'Asie est riche en mammifères ; elle en possède toutes les espèces, excepté les édentés et les marsupiaux. C'est l'Asie qui nous a donné le bœuf, le mouton, la chèvre, le cheval, l'âne et le buffle. C'est aussi la patrie du chameau et de l'éléphant, originaires le premier de la Tartarie et le second de l'Inde et de l'Indo-Chine. L'éléphant blanc est tenu en singulière vénération par les Birmans et les Siamois. C'est un des principaux dignitaires de l'empire : il a son palais, son ministre d'état, et il vient immédiatement après le souverain. Les Indiens traitent l'éléphant avec moins d'égards ; ils l'emploient comme bête de somme, ils l'attèlent à la charrue et le font labourer. La plupart des carnassiers, tels que le lion, le léopard, la panthère, l'hyène, le chacal, sont communs à l'Asie et à l'Afrique, comme les deux grands pachydermes l'éléphant et le rhinocéros. Parmi les quadrumanes asiatiques, on compte le gibbon ou singe à longs bras, et l'orang-outang, assez semblable à l'homme, qui n'habite que les îles de la Sonde. Quoique l'Asie ait moins d'oiseaux que de quadrupèdes, nous lui devons la plupart de nos oiseaux de basse-cour, et le paon, originaire de l'Inde, et le faisan doré et argenté, et l'argus, magnifique espèce du genre faisan, et le mélodieux rossignol, et le perroquet si brillant et si bruyant, et le splendide oiseau de paradis, venu de la nouvelle-Guinée et des îles voisines. Les reptiles sont encore plus rares en Asie que les oiseaux. L'un des plus remarquables est le serpent python, commun à l'Asie et à l'Afrique, qui a quatre ou cinq mètres de longueur, et qui représente le boa du Nouveau-Monde.

La faune de l'Afrique l'emporte sur celle de l'Asie, surtout en carnassiers, en ruminants, en pachydermes, en quadrumanes. Il ne lui manque que les marsupiaux, et parmi les carnassiers, que l'ours et le tigre. L'Afrique possède en propre la giraffe, le plus grand des animaux, la gracieuse antilope, le zèbre transversalement rayé de blanc et de noir, un mouton dont la queue pèse de 20 à 30 livres, le chimpanzé et le gorille, ces singes de la Guinée encore plus semblables à l'homme que l'orang-outang des îles de la Sonde, et le caméléon, qui s'est répandu en Asie, et qui est le sujet de tant de contes populaires. Le caméléon a le poumon si vaste, qu'en le gonflant il fait refluer le sang vers la peau, et son corps paraît plus ou moins transparent. Il reflète des couleurs diverses, selon que son sang est mis plus ou moins rapidement en contact avec l'air qu'il respire. Les plus grands pachydermes africains sont l'éléphant, le rhinocéros et l'hippopotame. Les éléphants errent par troupeaux de 200 à 300 dans les forêts de l'Afrique centrale; on en tue plus de 30,000 par an. Leurs défenses, comme les dents de l'hippopotame, donnent l'ivoire, un des produits les plus précieux du pays. Au nombre des oiseaux les plus remarquables sont la pintade, que nous devons à la côte de Guinée, le colibri, ce bijou de la nature, dont l'éclat rivalise avec celui de l'oiseau-mouche de l'Amérique, et l'autruche, le plus gros de tous les oiseaux du monde. L'autruche est si lourde, qu'elle ne peut pas voler; elle court, en s'aidant de ses ailes, aussi vite que le cheval le plus rapide. Ses plumes, qui sont très-estimés, forment un important article de commerce. On distingue parmi les reptiles de l'Afrique, le long serpent python, qui lui est commun avec l'Asie, et le terrible crocodile, qui habite les fleuves de la zone équatoriale; et parmi les insectes, les termites ou fourmis blanches, qui se construisent des demeures pyramidales de 3 à 4 mètres de hauteur, semblables de loin à un village de nègres, et qui commettent d'affreux ravages : récoltes, provisions, meubles, livres, vêtements, tout devient la proie de cet insecte destructeur.

La faune de l'Amérique diffère, encore plus que sa flore, de celle de l'ancien continent. Ses quadrupèdes sont moins grands et moins utiles à l'homme. Elle n'a ni les énormes pachydermes ni les plus redoutables carnassiers, et les animaux domestiques, tels que le cheval, le bœuf, le mouton, le cochon, n'appartiennent pas à sa faune indigène ; elle les doit à l'Europe. La tapir, le plus grand de ses pachydermes, n'a que la taille d'un âne ; le puma, qui tient la place du lion, et le jaguar, celle du tigre, sont plus petits et moins forts que les deux carnassiers de notre hémisphère. L'Amérique possède, en outre, la plupart des animaux à fourrure de l'Europe et de l'Asie, et le gigantesque ours blanc des régions polaires, et le bison ou buffle américain, et le bœuf musqué, et l'élan, qui représente le renne, et le llama, qui sert de bête de somme, comme le chameau. Le llama, l'alpaca et la vigogne donnent de la laine et du poil pour vêtement, du lait, du fromage et de la chair pour nourriture. Parmi les marsupiaux, le sarigue, qui manque à notre hémisphère, répond au kangarou de l'Australie. La plus fameuse chauve-souris de l'Amérique méridionale est le vampire, qui a la taille d'une pie, et que le préjugé populaire a longtemps accusé de faire périr les hommes et les animaux, en suçant leur sang. Cet animal, d'un aspect hideux, est inoffensif; il vit de fruits et d'insectes.

Si le nouveau monde est inférieur à l'ancien pour les quadrupèdes, ses oiseaux l'emportent en taille et en beauté. Il possède, entre autres, le condor des Andes, le plus grand des oiseaux de proie, qui a 5 mètres d'envergure, qui construit son nid à une hauteur de 4000 à 5000 mètres sur les montagnes, et qui s'élève par son vol jusqu'à 9000 mètres de hauteur dans les airs. Ce terrible oiseau est assez fort pour enlever des agneaux, des chevreaux et même des enfants. N'oublions pas que nous devons à l'Amérique l'oiseau-mouche, ce rival du colibri africain, et le dindon, originaire des Antilles ou Indes Occidentales et appelé d'abord coq d'Inde, qui fait les délices de nos tables. Pendant le jour, l'air fourmille d'oiseaux, d'insectes et de papillons, dont les couleurs sont éblouissantes. Les papillons surtout sont si nombreux, que les matelots qui passent près des côtes disent qu'il pleut des papillons. Pendant la nuit, les forêts sont étoilées de myriades de vers-luisants, rouges, verts, jaunes, de toutes les nuances, dont l'éclat leur donne un aspect féérique. Les oiseaux aquatiques sont une source de richesses pour l'Amérique; c'est à ces innombrables oiseaux que le Pérou doit les énormes amas de guano des îles Chincha, engrais précieux, qu'on exporte en Europe et aux États-Unis et qui rapporte au gouvernement une somme annuelle évaluée de 50 à 60 millions de francs.

L'Amérique, si chaude, si bien arrosée et dotée d'une si luxuriante végétation, abonde aussi en reptiles. Les serpents venimeux y sont peut-être encore plus nombreux qu'en Afrique et en Australie. On y distingue le serpent à sonnettes, dont la présence est révélée par le bruit que font les cornets écailleux de sa queue en frottant les uns contre les autres ; le boa-constricteur, le plus monstrueux des serpents, qui se suspend aux branches des arbres pour guetter sa proie; et l'alligator ou caïman, espèce de crocodile de 5 à 6 mètres de longueur, si redouté des Indiens qu'ils abandonnent leurs demeures, plutôt que d'habiter dans son voisinage. Notons encore, dans la faune américaine, un curieux poisson, appelé gymnote ou anguille électrique, dont les décharges renversent et quelquefois tuent les chevaux les plus vigoureux, lorsqu'ils traversent les fleuves et les rivières de la Vénézuela. Faraday compare la secousse d'un gymnote à la décharge d'une batterie électrique de quinze jarres.

La flore et la faune de l'Australie sont les plus pauvres de toutes. A l'époque de sa découverte, le continent australien n'avait presque aucune plante utile à l'homme. Les seules plantes alimentaires étaient une espèce de châtaignier, quelques arbrisseaux à baies, et l'igname, dont le tubercule fait une fécule aussi bonne que les meilleures pommes de terre. Le sol est trop sec pour produire une abondante végétation. Cette végétation présente certains phénomènes singuliers. Les neuf dixièmes des plantes ne se trouvent dans aucun autre pays. Les feuilles des arbres, étroites et petites, sont verticales, au lieu d'être horizontales, et les deux côtés sont d'un vert olive foncé. Il y a des arbres qui, en automne, se dépouillent, non de leurs feuilles, mais de leur écorce. D'autres arbres, l'acacia, par exemple, n'ont point de feuilles. Il y a peu de forêts; les arbres sont clair-semés ou groupés en massifs. L'acajou est si commun, qu'on l'emploie à faire des palissades autour des champs. Les Anglais ont introduit en Australie la canne à sucre et le cotonnier des pays chauds, les céréales, le lin, la vigne, le figuier, le pêcher, l'oranger et plusieurs autres plantes des climats tempérés, qui ont parfaitement réussi.

La rareté de la végétation amène naturellement la rareté des animaux. La faune de l'Australie n'a ni pachidermes, ni ruminants, ni quadrumanes ; et le seul carnassier est le dingo, ou chien indigène, qui tend à disparaître. Les deux tiers de ses mammifères sont des marsupiaux; le plus grand et le plus commun est le kangarou, dont la femelle porte ses petits dans une poche, comme celle du sarigue américain. Le kangarou, presque aussi haut que l'homme, se tient sur ses pieds de derrière et saute, au lieu de courir et de marcher; il va aussi vite qu'un bon cheval. Il y en a des espèces petites comme le lapin. Le plus curieux des animaux australiens est l'ornithorynque, oiseau à demi-aquatique, de treize à quatorze pouces de longueur, qui a le bec et les pieds palmés et le corps d'une loutre, et qui pond des œufs. Parmi les autres curiosités de l'ornithologie australienne, on distingue l'émeu qui rappelle l'autruche, mais qui n'a que six pieds de hauteur; l'oiseau-lyre, ainsi nommé à cause de la forme de sa queue; des cygnes noirs, plusieurs oiseaux sans ailes, un oiseau sans ailes et sans queue, appelé Kiwi ou aptérix, et grand comme une poule, qui ne pond qu'un seul œuf, et qui habite surtout la Nouvelle-Zélande.

L'homme a modifié la distribution naturelle des animaux comme celle des plantes. Nous avons vu qu'il a importé en Europe plusieurs animaux domestiques empruntés à l'Asie centrale, le ver à soie et le faisan doré à la Chine, l'oiseau de Paradis à la Nouvelle-Guinée, les perroquets aux îles de la Sonde, la pintade à l'Afrique, et le dindon aux Antilles. D'un autre côté, nous avons introduit l'abeille et la plupart de nos animaux domestiques en Amérique et en Australie, où ils étaient inconnus ; et ils ont parfaitement réussi, quand ils ont trouvé les conditions de température et d'alimentation. Le bœuf et le cheval sont devenus sauvages dans les pampas de la Plata, où ils ont fait disparaître les races indigènes. Les moutons mérinos ont si bien prospéré en Australie et dans la Nouvelle-Zélande, que ces deux contrées produisent autant de laine que l'Angleterre et la France réunies. On vient d'y introduire aussi le chameau de l'Asie, le llama du Pérou, le saumon et d'autres poissons des rivières de l'Europe.

QUESTIONNAIRE.

Indiquez la classification des animaux.

Définissez les mots *quadrupèdes*, *quadrumanes*, *pachydermes*, *marsupiaux*.

Quelle est la grande différence entre les animaux terrestres et les animaux aquatiques ?

De quelles conditions dépend la distribution des animaux sur la terre ?

Pourquoi les plus grands animaux habitent-ils la zone torride ?

Nommez des animaux à qui les pays froids conviennent mieux ?

De quelles conditions dépend la distribution des animaux dans la mer ?

Dans quelles mers trouve-t-on le requin, le thon, la baleine, le cachalot ?

Quelle est la condition qui a le plus d'influence sur la vie dans la mer ?

Quelle est la consommation de certains poissons ?

Comment la nature pourvoit-elle à cette énorme destruction de poissons ?

A quels usages servent les différentes parties de la baleine ?

D'où viennent l'augmentation des animaux domestiques et la diminution des animaux sauvages en Europe ?

A quoi l'Europe doit-elle le caractère de sa faune ?

Nommez les principaux animaux à fourrure. — Quel est leur pays ?

Quelles espèces d'animaux manquent à l'Europe ?

Quels animaux l'Europe doit-elle à l'Asie ? — Quels oiseaux ?

Nommez d'autres animaux originaires de l'Asie.

Comment l'éléphant blanc est-il traité par les Siamois et l'éléphant ordinaire par les Indous ?

Nommez des animaux communs à l'Asie et à l'Afrique. — Un serpent.

Quelle est la patrie de l'orang-outang ? — Du paon ? — De l'oiseau de paradis ?

Nommez d'autres oiseaux originaires de l'Asie.

Par quelles espèces d'animaux l'Afrique l'emporte-t-elle sur l'Asie ?

Quels animaux manquent-t-ils à l'Afrique ?

Nommez les principaux animaux propres à l'Afrique.

Décrivez le caméléon et le vampire, et nommez leur patrie.

Quel est le caractère de la faune de l'Amérique ?

Nommez les animaux de l'Amérique qui représentent l'éléphant, le lion, le tigre, le renne.

Nommez d'autres animaux propres à l'Amérique.

Par quelles espèces d'animaux l'Amérique est-elle supérieure à l'ancien continent ?

Quels oiseaux devons-nous à l'Amérique intertropicale ?

Quel produit le Pérou retire-t-il des oiseaux aquatiques ?

Quel spectacle l'Amérique intertropicale offre-t-elle pendant le jour et pendant la nuit ?

Nommez les grands reptiles propres à l'Amérique.

Décrivez le gymnote et dans quelle contrée se trouve-t-il ?

Quel est le caractère de la flore de l'Australie ? — Pourquoi est-elle rare ?

Quel est le caractère de sa faune ? — Pourquoi est-elle si pauvre ?

Citez quelques phénomènes singuliers de sa flore et de sa faune.

Quels sont les principaux marsupiaux de l'Australie et de l'Amérique ?

Décrivez l'ornithorynque, le kangarou, le kiwi ou aptérix.

Indiquez quelques modifications apportées par l'homme à la distribution naturelle des plantes et des animaux.

---

§ 3. La race humaine. — Influence du climat sur l'homme. — Unité de l'espèce humaine. — Variétés ou races.

L'homme subit, comme les animaux, les influences du monde physique. L'organisation politique, l'état social, les mœurs, les habitudes, le sentiment poétique, les croyances religieuses, tout est plus ou moins sujet aux accidents de climat. L'homme de la plaine n'a pas le même caractère que le montagnard; l'homme qui vit sur les côtes de la mer diffère de celui qui habite l'intérieur d'un continent, l'homme n'est pas le même sous un climat tempéré et sous le ciel énervant de la zone torride. Les occupations varient selon les lieux : l'homme est chasseur, pasteur, cultivateur, pêcheur, selon qu'il habite les forêts, les steppes, les terres alluviales, les côtes de l'Océan ou le bord des fleuves et des rivières; et quoique l'éducation et la civilisation modifient ses idées, elles restent toujours appropriées à son genre de vie.

Malgré ces différences, tous les hommes appartiennent à une seule espèce, qui a la même organisation physique, les mêmes qualités morales et les mêmes facultés intellectuelles, plus ou moins développées. Tous croient à un Dieu, à des récompenses et à des peines après la mort; tous font la différence du bien et du mal; tous éprouvent les mêmes sentiments et les mêmes désirs; tous ont reçu le don de l'intelligence et celui de la parole, qui leur fournit le moyen de communiquer entre eux.

La race humaine a dû naître dans un climat tempéré de l'Asie, et elle a dégénéré en s'éloignant vers les régions polaires ou les régions tropicales. L'influence du climat est incontestable. Les habitants de certaines régions ont des ressemblances d'aspect physique, qui les distinguent des habitants des autres régions, et qui ont fait diviser l'espèce humaine en plusieurs *variétés*, chacune occupant des régions bien marquées.

On divise généralement les hommes en trois *variétés*, improprement appelées *races* et caractérisées surtout par la couleur de la peau : la *race blanche* ou *indo-européenne*, la *race jaune* ou *mongolienne* et la *race nègre* ou *africaine*. Ces races diffèrent aussi par la nature des cheveux, ondoyants ou frisés, chez les Européens, rudes, grossiers et rares, chez les Mongols, laineux et crépus, chez les Africains ; et par la forme de la tête et du visage. L'Européen a le front haut et droit, les yeux placés horizontalement, les pommettes peu apparentes, le nez étroit, effilé, les dents verticales, la bouche petite, la mâchoire inférieure peu avancée, la barbe abondante, le visage ovale. Chez les Mongols, le front est bas et fuyant, les yeux obliques et dirigés vers le nez, les pommettes saillantes, le nez gros et aplati, la barbe maigre et seulement au menton, le visage large et plat. Les Nègres ont le front encore plus déprimé et plus fuyant que les Mongols, les pommettes plus saillantes, le nez plus épaté et plus aplati, la bouche plus large et en saillie, et les lèvres plus épaisses, surtout la lèvre supérieure.

Le volume du crâne, le poids du cerveau et l'angle facial, qui ont un rapport frappant avec le développement des facultés, sont aussi différents dans les trois races. Le volume du crâne est de 80 à 109 pouces cubes chez les Européens, de 70 à 83 pouces cubes chez les Mongols, et il est encore plus petit dans la race nègre. Plus le volume du crâne est grand, plus le cerveau est lourd. Le cerveau de Cuvier pesait 1829 grammes et celui de Dupuytren 1436. On prétend, peut-être avec un peu d'exagération, que le cerveau de Cromwell pesait 2231 grammes, et celui de lord Byron 2238. Un cerveau ordinaire pèse environ 1250 grammes chez les Européens, il pèse moins chez les Mongols et encore moins chez les Africains. L'angle facial se forme par deux lignes partant de la racine du nez et se dirigeant l'une vers le bas de l'oreille, et l'autre vers la partie la plus avancée du front ; il est d'autant plus grand que le front est plus droit et que l'individu appartient à une race plus intelligente. Cet angle est de 80° à 90° chez l'Européen, de 70° à 80° chez le Mongol, de 65° à 70° chez le Nègre. Ainsi les trois races se distinguent par une différence d'intelligence et d'aptitude pour la civilisation. L'intelligence des Mongols, inférieure à la nôtre, est supérieure à celle des Nègres.

La *race blanche* ou *indo-européenne*, appelée quelquefois *caucasienne*, parce que la tradition la fait naître dans la région du Caucase, s'est répandue depuis la vallée du Gange jusqu'à l'extrémité occidentale de l'Europe. Elle occupe l'Indoustan, l'Afghanistan, la Perse, l'Arabie, l'Afrique septentrionale et presque toute l'Europe, excepté la Turquie, la Hongrie, la Finlande et la Laponie, dont les habitants sont d'origine mongole. Pendant les trois derniers siècles, elle s'est établie en Amérique, sur les côtes de l'Afrique, en Australie et dans les îles voisines. C'est la première dans les arts, dans les lettres, dans les sciences et dans la civilisation.

La *race jaune* ou *mongole* habite le Japon, la Chine, l'Indo-Chine, le Turkestan, l'Asie occidentale, une partie de la Sibérie et du nord de l'Europe et de l'Amérique. A cette race appartiennent les Japonais, les Chinois, les Mongols, les Tartares, les Turcomans, les Tongouses et les Samoïèdes, en Asie; les Turcs, les Hongrois, les Finnois et les Lapons, en Europe, et les Esquimaux de l'Amérique septentrionale. La civilisation des Chinois, peut-être plus ancienne que celle des Indiens, est stationnaire depuis des siècles, et aujourd'hui elle est en décadence. La Chine, longtemps fermée aux étrangers, est restée en dehors du mouvement de la civilisation européenne.

La race nègre occupe l'Afrique, l'Australie, la Tasmanie, la Nouvelle-Guinée, les îles de la Nouvelle-Bretagne, de la Nouvelle-Zélande, de Salomon, de Santa-Cruz, les Nouvelles-Hébrides, la Nouvelle-Calédonie et l'archipel de Fidji. Le plus beau type nègre se trouve dans l'Afrique centrale. « Je suis sûr, dit le docteur Livingstone en parlant d'une réunion de nègres près du lac Tanganyika, qu'on ne trouverait dans aucune assemblée de Londres ou de Paris des têtes plus intelligentes ou mieux moulées. La forme du corps est aussi pure. Le chef Insana avait absolument la physionomie des anciens Assyriens, Nemrod et autres, sculptés sur les marbres de Ninive. Beaucoup de femmes sont très-jolies, et, comme toutes les femmes, elles le seraient encore davantage, si elles ne voulaient pas réformer la nature. Heureusement elles ne peuvent modifier leurs yeux adorables, leurs beaux fronts, leurs jambes et leurs bras faits au tour, leurs formes bien prises, leurs mains et leurs pieds qui sont très-petits. Mais il faut qu'elles se parent et elles y arrivent, les malheureuses, en aiguisant leurs dents splendides jusqu'à ce qu'elles deviennent comme des dents de chat. C'est d'un effet déplorable; quand elles sourient, on croirait voir un crocodile. » Les nègres de l'Australie ont la peau moins noire et les cheveux moins laineux que les Africains. Tous les nègres sont plongés dans la barbarie et un grand nombre sont cannibales.

A la race noire appartiennent les Caffres, les Hottentots, les Gallas, et les nègrestransportés comme esclaves en Amérique et presque partout affranchis dans les dernières années.

A ces trois races, certains ethnologues en ajoutent deux autres : la *race rouge* ou *américaine*, variété de la mongole, à laquelle elle ressemble par les traits physiques et par les facultés intellectuelles ; et la *race brune* ou *malaise*, qui est un mélange de la mongole et de la nègre. La race rouge, qui comprend les Américains indigènes, passa probablement d'Asie en Amérique par le détroit de Behring. La race malaise est répandue dans les îles de la Malaisie, dans la grande île de Madagascar, dans la Nouvelle-Zélande et dans les autres îles de l'Océan Pacifique.

Il est très-difficile, pour ne pas dire impossible, d'évaluer la population de la plupart des contrées du globe. Les chiffres varient de 800,000,000 à 1,400,000,000. L'estimation suivante peut être considérée comme assez approximative.

Europe.............................	290.000.000	habitants
Asie...............................	750.000.000	—
Afrique............................	50.000.000	—
Amérique...........................	60.000.000	—
Australie et Polynésie	3.000.000	—
Total......	1.153.000.000	—

Nous voici arrivés au terme de notre étude de la géographie physique. N'oublions pas de répéter, en finissant, que la terre, soumise à l'action de l'eau et du feu, subit à sa surface des modifications continuelles. Ces changements, imperceptibles pendant plusieurs générations, deviennent visibles avec le temps et modifient les conditions physiques de climat et par conséquent la nature et la distribution des plantes et des animaux. La vie future sur le globe sera donc différente de la vie actuelle, comme la vie actuelle diffère de la vie que nous révèlent les découvertes de la géologie et de la paléontologie. Rien n'est immuable dans l'univers. Il n'y a de permanent que les lois d'harmonie que le Créateur a établies, dès l'origine des choses, pour la création et la conservation de tout ce qu'il a créé.

QUESTIONNAIRE.

Indiquez quelques influences exercées sur l'homme par le monde physique.

Donnez des preuves de l'unité de l'espèce humaine.

Pourquoi la divise-t-on en plusieurs variétés ou races ?

Quels sont les traits caractéristiques de la race blanche ? — Ceux de la race jaune ? — Ceux de la râce nègre ?

Indiquez le volume ordinaire du crâne, le poids ordinaire du cerveau et l'angle facial chez les Européens, les Mongols et les Nègres.

Quel est le rapport de ces phénomènes avec les facultés intellectuelles ?

Nommez les principaux peuples de la race blanche et les peuples européens de race mongole.

Nommez les contrées habitées par la race jaune.

Pourquoi la civilisation des Chinois, qui est si ancienne, est-elle restée stationnaire ?

Nommez les contrées habitées par la race nègre.

Que dit le docteur Livingstone des nègres de l'Afrique centrale ?

A quelles variétés de l'espèce humaine appartiennent les indigènes de l'Amérique et de la Malaisie ?

Indiquez l'évaluation de la population dans les différentes contrées du globe.

La surface de la terre continue-t-elle à se modifier ? — Sous quelles actions ?

La vie à venir restera-t-elle ce qu'elle est aujourd'hui ?

Qu'y a-t-il d'immuable dans le monde

FIN

TABLE DES MATIÈRES.

CHAPITRE II.

DE L'EAU.

Pages.

CHAPITRE III.

DE L'ATMOSPHÈRE.

CHAPITRE IV.

LA VIE SUR LE GLOBE.

FIN DE LA TABLE DES MATIÈRES.

F. AUREAU ET Cie. — Imprimerie de Lagny.

A LA MÊME LIBRAIRIE

OUVRAGES DU MÊME AUTEUR

GRAMMAIRE FRANÇAISE. *[illegible]e Édition. Adoptée par le Conseil de l'Instruction publique pour les Colléges de France, le 22 août 1859.* 1 *vol.* in-18 jésus.. 1 50

EXERCICES SUR LA GRAMMAIRE FRANÇAISE. 1 vol. 1 50

CORRIGÉ DES EXERCICES. 1 vol. 1 50

ABRÉGÉ DE LA GRAMMAIRE. 1 vol. . . . . 1 »

EXERCICES SUR L'ABRÉGÉ DE LA GRAMMAIRE. 1 vol. . . . 1 »

DU STYLE ET DE LA COMPOSITION LITTÉRAIRE. 3e *édition augmentée.* 1 vol. . . . . 3 »

HISTOIRE DES PRINCIPAUX ÉCRIVAINS FRANÇAIS. 2e *édition.* 2 volumes in-18. 6 »

LES POËTES FRANÇAIS. Recueil de morceaux choisis dans les meilleurs poëtes, depuis l'origine de la littérature française jusqu'à nos jours, *avec une notice sur chaque poëte. 6e édition, augmentée de notes littéraires,* etc. 1 vol. 3 50

LES PROSATEURS FRANÇAIS. Recueil de morceaux choisis dans les meilleurs prosateurs, depuis l'origine de la littérature française jusqu'à nos jours, *avec une notice sur chaque auteur. 6e édition, augmentée de notes grammaticales, littéraires,* etc. 1 vol. . . . . 4 »

HISTOIRE D'ANGLETERRE, depuis les temps les plus reculés. 3e *édition,* 2 vol. in-18. *Ouvrage approuvé par le Conseil de l'Inst. publique.* 6 »

HISTOIRE DE FRANCE, depuis les temps les plus reculés. 2 vol. in-18. 3e *édition, refaite et augmentée de huit cartes historiques.* . . . 7 »

LES ÉCRIVAINS ANGLAIS AU XIXe SIÈCLE. Recueil de morceaux choisis de prose et de poésie anglaises contemporaines (texte anglais) avec des notices biographiques et littéraires sur chaque auteur. 1 fort volume in-18 jésus. Broché. . . . . 3 »

ENGLISH PROSE AND POETRY, select pieces from the best authors, for reading, composition and translation. . . . . 5 »

DICTIONNAIRE GÉNÉRAL DE LA LANGUE FRANÇAISE, de biographie, de mythologie et de géographie, par MM. GUÉRARD, directeur des études à Sainte-Barbe, et SARDOU, professeur de langue et de littérature françaises. 1 vol. in-18 raisin, cart. 2 60

Le même. DICTIONNAIRE ABRÉGÉ. 1 fort vol. in-18 carré. Cart. . 2 »

DICTIONNAIRE GÉNÉRAL DE BIOGRAPHIE ET D'HISTOIRE, de mythologie, de géographie ancienne et moderne, des antiquités et des institutions grecques, romaines, françaises et étrangères, par MM. CH. DEZOBRY, auteur de *Rome au siècle d'Auguste,* et TH. BACHELET, agrégé d'histoire, professeur au lycée de Rouen. 1 volume grand in-8o jésus, à deux colonnes, divisé en deux parties ou tomes. Broché. 25 »

DICTIONNAIRE GÉNÉRAL DES LETTRES, DES BEAUX-ARTS, et des sciences morales et politiques, par *les mêmes.* 1 vol. grand in-8o jésus, à 2 colonnes, formant un ou deux tomes à volonté. Broché........ 25 »

PARIS. — J. CLAYE, IMPRIMEUR, RUE SAINT-BENOIT, 7.

www.ingramcontent.com/pod-product-compliance
Ingram Content Group UK Ltd.
Pitfield, Milton Keynes, MK11 3LW, UK
UKHW020552180726
13838UKWH00001B/202

9 782329 342665